POR QUÉ ES SANTO

POR QUÉ ES SANTO

El verdadero Juan Pablo II, por el Postulador de la Causa de su Beatificación

SŁAWOMIR ODER
con SAVERIO GAETA

Traducción de Patricia Orts

EDICIONES B
GRUPO ZETA

Barcelona • Bogotá • Buenos Aires • Caracas • Madrid • México D.F. • Montevideo • Quito • Santiago de Chile

Título original: *Perché è santo. Il vero Giovanni Paolo II raccontato dal postulatore della causa di beatificazione*

Traducción: Patricia Orts

1.ª edición: septiembre 2010

© Oder Slawomir y Gaeta Saverio, 2010
© Ediciones B, S. A., 2010
     Consell de Cent 425-427 - 08009 Barcelona (España)
     www.edicionesb.com

Printed in Spain
ISBN: 978-84-666-4418-1
Depósito legal: B. 24.621-2010

Impreso por LIBERDÚPLEX, S.L.U.
Ctra. BV 2249 Km 7,4 Polígono Torrentfondo
08791 - Sant Llorenç d'Hortons (Barcelona)

Oh, Trinidad Santa,
te damos gracias por haber concedido a la
[Iglesia
al papa Juan Pablo II
y porque en él has reflejado
la ternura de tu paternidad,
la gloria de la cruz de Cristo
y el esplendor del Espíritu del amor.
Él, confiando totalmente en tu infinita
[misericordia
y en la maternal intercesión de María,
nos ha mostrado una imagen viva de
[Jesús Buen Pastor
indicándonos la santidad,
alto grado de la vida cristiana ordinaria,
como camino para alcanzar la comunión
[eterna contigo.
Concédenos, por su intercesión, y si es tu
[voluntad,
el favor que imploramos,
con la esperanza que sea pronto incluido
en el número de tus santos.
Amén.

(Oración para implorar favores por intercesión del siervo de Dios Juan Pablo II)

Índice

Prólogo

El rostro desconocido de Juan Pablo II

Un día, una de las hermanas que servía en el apartamento pontificio vio a Juan Pablo II particularmente cansado y le confió que estaba «preocupada por Su Santidad». «Yo también estoy preocupado por mi santidad», le respondió al vuelo el Papa con una sonrisa. Ahora que el camino de la causa para la beatificación de Karol Wojtyła está llegando a su natural conclusión, esta preocupación se ha demostrado infundada. Sus virtudes —fe, esperanza, caridad; pero también prudencia, justicia, fortaleza y temperancia— emergieron con toda su fúlgida plenitud gracias a los testimonios de todos los que intervinieron en el proceso de canonización.

Para la Iglesia católica, de hecho, no es suficiente la denominada «fama de santidad», esto es, la general convicción de los fieles sobre los méritos de un candidato que, en el caso de Juan Pablo II, se manifestó abiertamente en los carteles que rezaban «Santo ya» que se exhibieron en la plaza de San Pedro el mismo día de su funeral. Y también el milagro —que es asimismo necesario, ya que está considerado el «sello de Dios»— se acepta en un segundo momento, cuando la opinión de los teólogos asesores, el consenso de los cardenales y de los obispos y la convalidación del Papa han confirmado la posesión de las virtudes cristianas en grado heroico.

A este momento sólo se llega después del meticuloso trabajo de investigación que realiza el tribunal eclesiástico, que no se contenta con las declaraciones genéricas de estima y veneración, aunque éstas procedan de testimonios prestigiosos y cualificados, sino que lleva a cabo unos interrogatorios concisos en los que solicita pruebas concretas, descripciones precisas de los sucesos, documentos que demuestren de manera inequívoca la credibilidad de las aseveraciones. En este ámbito corresponde al postulador, una especie de «abogado defensor» del candidato al reconocimiento de la santidad, poner en evidencia los episodios que acrediten de forma más funcional la realidad de los hechos.

Se trata de episodios a menudo desconocidos, que surgen en estas ocasiones porque los testigos —después de la muerte del candidato al honor en los altares— se sienten libres de relatar unas circunstancias que anteriormente prefirieron callar. De esta forma, el postulador constituye una suerte de depositario de noticias, anécdotas, de «sacrificios», como se suele decir, que, debidamente unidos, conforman una imagen inédita del candidato.

Fui yo el que tuvo el honor de ejercer esta función en la causa de beatificación de Juan Pablo II. Y este libro pretende describir, en la medida de lo posible, el trabajo que se llevó a cabo.

Nací en la misma tierra de Karol Wojtyła, en Chełmża (Toruń). Cuando en octubre de 1978 Su Santidad fue elegido para ocupar el solio pontificio, yo acababa de terminar el bachillerato y estaba a punto de entrar en el seminario diocesano para seguir la vocación sacerdotal que, desde hacía varios años, maduraba en mi interior. Paradójicamente, su nombramiento pospuso mi consagración a Dios. Era un momento de gran entusiasmo para nosotros, los católicos polacos, y no quise correr el riesgo de tomar una decisión que iba a vincular toda mi vida movido por esa euforia colectiva. Humanamente tuve miedo y, por tanto y de acuerdo con mi director espiritual, me matriculé en la Facultad de Economía y Comercio de la Universidad de Dánzig. Viví en dicha ciudad durante los años en que nacía y se consolidaba el movimiento Solidarność, liderado por Lech Wałęsa. El 10 de diciembre de 1981 partí en avión para pasar las vacaciones de Navidad en Argel, donde mi padre trabajaba como ingeniero. Tres días después, el general Wojciech Jaruzelski promulgó la ley marcial y cerró las fronteras, hecho que me obligó a permanecer en Argelia durante seis meses.

Fue un periodo de largos e intensos ejercicios espirituales, que realicé en profunda soledad. Regresé a Polonia en mayo de 1982, y al año siguiente entré por fin en el seminario a la vez que proseguía con mis estudios universitarios. Recuerdo los esfuerzos de esos años en los que tuve que ingeniármelas para realizar al mismo tiempo los exámenes de la Facultad de Economía y Comercio y los de la Facultad de Teología. Después la Universidad Pontificia Lateranense me concedió una beca y me trasladé a Roma para licenciarme en Derecho Canónico, circunstancia que me llevó a trabajar en la Vicaría y posteriormente me condujo a mi actual responsabilidad como presidente del Tribunal de Apelación, con la ardua tarea que ello implica.

La primera vez que vi a Wojtyła fue el 8 de diciembre

de 1985, nada más llegar a Roma. El maestro de ceremonias de la misa que presidía el Papa en San Pedro me había atribuido la función de entregar el micrófono en el momento de la homilía. Ni que decir tiene que habíamos realizado una prueba el día anterior a la celebración, pero sin transportar materialmente el micrófono. Cuando me encontré junto al altar, dudando si debía mover también la base o sólo la parte superior del aparato, desenchufé éste sin quererlo. Nada grave, de no haber sido porque en ese momento nos retransmitía en directo Mundovisión. El Santo Padre me esperaba para empezar a hablar, y pensé: «¡Vaya, mi primer encuentro con el Papa y lo he echado todo a rodar!» Por suerte intervino el maestro de ceremonias y en unos segundos se resolvió todo.

Poco tiempo después tuve otra oportunidad. El día de la fiesta de la Virgen de la Confianza el Pontífice visitaba tradicionalmente el seminario en que me preparaba para el sacerdocio. El rector me encargó que preparase el mensaje de salutación. Dediqué mucho tiempo a la redacción del texto, y lo leí con gran alegría, concluyendo: «Necesitamos tu fe, Santo Padre.» Cuando me volví hacia el rector advertí una expresión de perplejidad en su mirada. En ese momento comprendí mi error: había pensado el discurso en polaco, idioma en el que no existe el «usted», y lo había traducido literalmente al italiano. Durante la cena fui objeto de las burlas de todos: «Es la segunda vez que te juegas la carrera: ¡has tuteado a Juan Pablo II!»

No sé si a causa de ese error involuntario o a su extraordinaria memoria, el caso es que el papa Wojtyła no se olvidó de mí. Unos años más tarde vino a Roma mi nuevo obispo para la visita *ad limina*, y quiso que lo acompañase a la audiencia privada que tenía con el Pontífice. El obispo me presentó con el diminutivo con que afectuosamente me llamaban mis amigos: «Éste es don Sławek y trabaja en la Vicaría de Roma.» Juan Pablo II me miró a los ojos y comentó: «Cuando estabas en el seminario romano no llevabas barba, ¿verdad?»

Volví a ver al Santo Padre al cabo de unos años, en una ocasión que, considerada a la luz de lo que sucedió después, parece cargada de un significado realmente singular. Un día me llamó por teléfono don Stanisław, el secretario personal de Su Santidad, y me dijo que necesitaba hablar conmigo esa noche. Me dirigí al Palacio apostólico y, mientras subíamos en el ascensor, me comunicó que también debía quedarme a cenar. Me dejó de piedra, porque pensaba que sólo me había convocado para hacerme un encargo. Pero, en lugar de eso, me acompañó al apartamento del Pontífice: mientras estaba sentado en la antesala, de espaldas a la puerta, Wojtyła apareció de repente para saludarme e invitarme a su mesa. Esa noche era el único invitado. Me senté enfrente de Juan Pablo II y, a los lados de la mesa, estaban los dos secretarios. No conseguí probar bocado, ya que estaba concentrado en lo que el Santo Padre me decía con mucha sencillez y con su indiscutible capacidad de hablar de hombre a hombre con el corazón. Sabedor de que procedía del seminario de Pelpin, empezó a enumerar los nombres de los profesores y los títulos de los libros que éstos habían escrito. A continuación, me habló de la relación que tenía con mi ciudad, Toruń, donde vivían algunos parientes lejanos de él a los que solía visitar cuando todavía era cardenal. Fue un encuentro maravilloso, pero indudablemente inusual. ¿Por qué me había invitado? Era evidente que no se trataba de una reunión entre polacos como las que solía organizar por Navidad, ya que el único invitado era yo.

He reflexionado al respecto y hoy tengo la impresión

de que el motivo que empujó a Juan Pablo II a cenar conmigo en esa ocasión fue una especie de presentimiento: quizá quería conocer más a fondo al hombre que después iba a ser su «representante» ante la Congregación para las Causas de los Santos.

El 13 de mayo de 2005, mientras esperábamos a que el nuevo Pontífice, Benedicto XVI, llegase a la catedral de San Giovanni in Laterano para hablar a los sacerdotes de la diócesis de Roma, el entonces cardenal vicario Camillo Ruini me pidió que no me marchase al finalizar el encuentro. En el bolsillo llevaba yo un billete de avión para viajar a Polonia, donde al día siguiente debía asistir a la primera comunión de uno de mis sobrinos, y temí no llegar a tiempo al aeropuerto. Cuando oí que el Papa anunciaba que iba a dispensar de los cinco años reglamentarios de espera para abrir la causa de beatificación de Juan Pablo II, empecé a sospechar algo.

El cardenal Ruini fue directamente al grano: «¿Has oído lo que ha dicho el Santo Padre? ¡Me alegro mucho de que seas el postulador y te agradezco que hayas aceptado!» Objeté que se trataba de un encargo que superaba ampliamente mis capacidades. Si bien a principios de los años noventa me había ocupado del caso de don Stefan Frelichowski, un mártir polaco que los nazis habían asesinado en Dachau y que había sido beatificado el 7 de junio de 1999, no era, desde luego, un postulador profesional. Reticencia inútil, la mía, ya que, después de haberme escuchado, Ruini replicó con firmeza: «Te deseo que tengas buena suerte y que realices un buen trabajo.» En cualquier caso, logré subir a ese avión.

Varios meses más tarde tuvo lugar la visita *ad limina* del episcopado polaco a Benedicto XVI. Mi obispo diocesano quiso que lo acompañase y, una vez estuvimos en presencia de Su Santidad, me presentó y le contó el encargo que me habían asignado. El Papa se alegró de saberlo y me dijo: «¡Dese prisa, pero hágalo bien, de manera irreprochable!» Su recomendación fue la «contraseña» que me acompañó durante todo el proceso.

SŁAWOMIR ODER

Nota: Las deposiciones de las fuentes procesales se citan anónimamente para tutelar la privacidad de los testigos, mientras que los nombres citados en el texto están relacionados con los testimonios realizados fuera del proceso.

1

El hombre

Observando el número de pancartas blancas con la leyenda «Santo ya» que se podían ver durante el funeral del papa Juan Pablo II en ese luminoso viernes del 8 de abril de 2005, su antiguo compañero universitario (y después cardenal) Andrzej Maria Deskur tuvo un repentino *flash back*. Regresó con la memoria a otro resplandeciente día primaveral, sesenta años atrás, cuando a su amigo se lo conocía sencillamente como Karol Wojtyła y hacía escasas semanas, el 18 de enero de 1945, para ser más exactos, que Cracovia era liberada de la ocupación nazi.

Tras la reapertura de la Universidad Jagellonica, una de las primeras señales de la recuperación de la libertad, muchos estudiantes habían regresado a las residencias que se habían visto obligados a abandonar varios años antes. Por aquel entonces Wojtyła era el vicepresidente de Bratnia Pomoc (Ayuda fraternal), la asociación que agrupaba a los estudiantes católicos y que administraba varias casas estudiantiles. Un día, Deskur, que era el secretario de dicha asociación, subió a verlo y vio que sus amigos habían pegado en la puerta de la habitación en que estudiaba Wojtyła una nota escrita a mano que rezaba: «Futuro santo.»

Toda la existencia de Wojtyła se puede leer a la luz de estas previdentes palabras. De hecho, del proceso de beatificación emerge con toda claridad la transparencia de todos sus gestos, tanto como hombre como sacerdote. La opinión que el mundo maduró sobre él, a medida que fue conociendo mejor su figura durante los más de veintiséis años que duró su pontificado, se ha demostrado fundada. Su simpatía, el fervor de su oración, la espontaneidad con que hablaba de sí mismo, su capacidad para entablar relaciones con los demás no eran los simples atributos de una imagen «mediática», sino rasgos auténticos de su persona.

El cristianismo, al que a menudo privamos de su vínculo corpóreo, como si la vida en la fe fuese algo etéreo y privado, era para él una experiencia concreta, de carne y hueso, la carne y los huesos de Jesucristo, que se hizo hombre para experimentar las alegrías y los sufrimientos de la humanidad. Por este motivo el testimonio religioso de Karol Wojtyła resultó extraordinariamente fecundo, tal y como documentan las cartas que remitieron a la Postulación —después de su muerte— todos los que se habían inspirado en él para comprender cuál era su auténtica vocación.

No es casual que Juan Pablo II tuviese tantos amigos. Incluso durante su pontificado se reunía con ellos para comer, organizaba excursiones, iba a esquiar u organizaba coros y visitas a Polonia con ocasión de las festividades tradicionales de este país. Además los escribía a menudo, incluso cuando ya era Papa, y jamás se limitaba a mandarles unas palabras frías y formales de circunstancias. La suya fue una humanidad verdadera y profunda que vivió con alegría, entusiasmo y generosidad, y que a la vez estuvo en todo momento inmersa en una atmósfera de intensa espiritualidad.

Al igual que un árbol —un roble fuerte y majestuoso, o quizás el tilo que describió en la poesía juvenil *Il Magnificat*, con cuyo tronco se talló la robusta estatua de un santo—, Juan Pablo II estaba profundamente arraigado a la tierra que lo había visto nacer. Llevó siempre a su patria en el corazón incluso cuando su condición de Papa le hizo abrazar el mundo entero.

Se sentía orgulloso de haber nacido en 1920, el año «del milagro del Vístula», como se denominó a la batalla del 15 de agosto de ese año que otorgó a Polonia, que acababa de recuperar su independencia, la victoria sobre las tropas bolcheviques. Su padre, un suboficial del ejército austrohúngaro en tiempos de la Primera Guerra Mundial, había tomado parte en el combate contra el Ejército Rojo en calidad de teniente del ejército polaco, que obedecía las órdenes del mariscal Piłsudski. En varias ocasiones contó orgulloso a su hijo Karol que el resultado positivo del enfrentamiento —que también se obtuvo, según la tradición, gracias a la intervención de la Virgen— había impedido que las tropas de Lenin y de Trotski invadieran Polonia y, desde ahí, toda Europa, tal y como habían previsto los revolucionarios soviéticos.

La figura paterna, cargada con la seriedad y el sentido de la responsabilidad típicos de un militar de la vieja guardia, fue esencial para el pequeño Karol, sobre todo después del fallecimiento prematuro de su madre, Emilia, que se produjo en 1929, y de su hermano mayor, Edmund, en 1932. De hecho, a menudo contaba a sus amigos de qué forma había quedado profundamente grabada en su alma la imagen de su padre en pie junto al ataúd de Edmund (que había muerto mientras intentaba luchar contra una epidemia de escarlatina) repitiendo sin cesar las palabras: «¡Hágase tu voluntad!» Cuando apenas tenía once años Karol había descubierto con su hermano algo que a continuación se convirtió en uno de sus poquísimos entretenimientos: subir a los montes Tatra. Tras la muerte de Edmund fue el padre quien, en los momentos que tenía libres, lo llevaba a las montañas para dar largos paseos.

Su familia estaba profundamente vinculada a la tradición polaca y arraigada en la fe católica. La huella más fuerte de su formación espiritual fue, sin lugar a dudas, la de su padre; aunque también su madre, Emilia, influyó en su maduración humana transmitiéndole una sensibilidad que más tarde se desarrollaría en la dimensión mariana de su misticismo. Un recorrido, el del amor por la Virgen, que posteriormente también se vio marcado por la extraordinaria personalidad del sastre Jan Tyranowski, quien lo introdujo gradualmente en una profunda atmósfera de oración y devoción.

En cierto sentido, el dormitorio de Juan Pablo II —tanto en el Vaticano como en Castel Gandolfo— era el sagrario de sus recuerdos juveniles. Junto a las imágenes de sus padres y de su hermano, tenía en una mesita las fotografías de Tyranowski y del capellán de Wadowice, don Kazimierz Figlewicz, que había sido su catequista y confesor durante su infancia.

Cuando tras la muerte de su padre en 1941 se vio privado de los afectos familiares, el corazón de Karol experimentó una suerte de ensanchamiento: sus amigos de juventud se convirtieron en su nueva familia y, poco a poco, también sus compañeros del seminario, los parroquianos, los otros sacerdotes, sus colaboradores en el episcopado, los fieles de la diócesis de Cracovia y, en general, el mundo entero. En todos los lugares en que se sentía el misionero del Señor supo encontrar el equivalente de su familia de origen, dada su capacidad de instaurar una relación de intimidad con cualquier persona.

EL «TÍO» KAROL

La humanidad de Wojtyła abarcaba las tradiciones, los sentimientos, los recuerdos, hasta los sabores de su tierra polaca. El Pontífice sentía, por ejemplo, una predilección especial por los pastelitos de Wadowice, los *kremówki*, pero también le gustaban muchísimo los de Toruń, los *katarzynki*, de forma que cada vez que alguien procedente de Polonia iba al Vaticano le llevaba un paquete de dulces recién sacados del horno. Lo más probable es que después no se los comiese, a menudo debido a su espíritu de penitencia, pero en cualquier caso se alegraba de poder ofrecérselos a las personas que recibía en audiencia.

En muchas ocasiones un acontecimiento, un encuentro o una circunstancia particular lo inducía a retroceder en el tiempo y hacía emerger de su prodigiosa memoria unos recuerdos nítidos e intactos. El afecto que sentía por sus amigos y compañeros de juventud permanecía vivo en él a pesar de los años transcurridos y, en más de una ocasión, cuando ya era Papa, restableció relaciones con personas que hacía mucho tiempo que había perdido de vista.

Eso fue lo que sucedió, por ejemplo, con el ingeniero judío Jerzy Kluger, un amigo de la infancia de la época de Wadowice, con el que Wojtyła había dejado de estar en contacto a raíz de los trágicos sucesos de la Segunda Guerra Mundial y de la deportación de los judíos a los campos de concentración nazis. Tras ser elegido Pontífice, los dos amigos se volvieron a ver con asiduidad, tanto en el Vaticano como en Castel Gandolfo, hasta la muerte de Juan Pablo II.

A ambos les gustaba recordar en especial un episodio que se remontaba a los últimos días de la escuela primaria. En aquel entonces Jerzy vivía en las proximidades del colegio y un día, a primera hora de la mañana, fue a ver los resultados de los exámenes de admisión en el instituto, que Karol y él habían superado. Así pues, se dirigió a toda prisa a casa de su amigo para darle la buena noticia, pero cuando llegó le dijeron que estaba sirviendo misa en la parroquia de Nuestra Señora. Pese a que Jerzy jamás había puesto un pie en un templo católico, esa vez decidió hacerlo, y se acomodó en los últimos bancos esperando a que concluyese la ceremonia. Karol lo vio desde el altar y le indicó con un ademán que se estuviese quieto y no hablase. No obstante, una mujer lo reconoció y le preguntó con dureza cómo se atrevía a profanar la iglesia, él que era judío. Una vez finalizada la misa, Karol se acercó a Jerzy e hizo caso omiso de la noticia de que había aprobado el examen. Lo que quería saber era lo que la mujer le había dicho a su amigo. Cuando se enteró, comentó apenado: «Pero ¿acaso no somos todos hijos del mismo Dios?»

Pese a que, por aquel entonces, Wojtyła tenía apenas diez años, observaba ya con extraordinaria madurez el odio racial que serpenteaba en el interior de algunos de sus conciudadanos. De ese odio se alimentó la atroz tragedia del siglo XX, que Wojtyła evocaría más tarde, emocionado: «Yo mismo tengo recuerdos personales de lo que ocurrió cuando los nazis invadieron Polonia durante la guerra. Me acuerdo de mis amigos y vecinos judíos; varios de ellos murieron, otros lograron sobrevivir.» En ese periodo se consolidó en él el respeto por los judíos que lo llevó a definirlos, durante la visita que realizó en 1986 a la sinagoga de Roma, como los «hermanos mayores». Un respeto que fue emblemáticamente sellado por la afectuosa mención al rabino romano Elio Toaff en su testamento (el único nombre que figuraba en él, además del de su fiel secretario, monseñor Stanisław Dziwisz).

Con sus compañeros de instituto consiguió mantener unas relaciones constantes. La tradición de organizar reuniones periódicas, que había empezado en la época de Cracovia, no se interrumpió tras su elección como Papa, y en más de una ocasión los invitó a Castel Gandolfo. Cuando más tarde, durante su último viaje a Polonia, que tuvo lugar en agosto de 2002, se enteró de que el arzobispo de Cracovia, el cardenal Franciszek Macharski, había invitado a cenar a sus compañeros del último año, se lo agradeció conmovido. Luego comentaría: «Éramos cuarenta, sólo quedamos ocho, y no todos pudieron venir.»

Los compañeros de Karol Wojtyła lo recordaban como un joven dotado con unos talentos extraordinarios, muy amigable y con un nivel moral destacable. En el colegio, por ejemplo, no permitía que nadie copiase de él, porque consideraba que era un comportamiento deshonesto. No obstante, siempre se ofrecía a ayudar a quienes lo necesitaban explicándoles lo que no habían entendido o haciendo con ellos los deberes por la tarde. Cuando entró en el seminario, este comportamiento permaneció inalterable. En una ocasión uno de sus compañeros le pidió que lo ayudara durante el examen que debían hacer ese día. Wojtyła le respondió: «Mi querido amigo, confía en Dios e inténtalo solo.»

También con las chicas su comportamiento fue siempre límpido y carente de sombras, como lo demuestra el episodio que referiré a continuación. En 1952 don Karol había organizado junto a dos chicos y dos chicas un paseo por los montes Tatra para ver la floración de los crocus. El pequeño grupo debía llegar en tren a Zakopane la noche del 20 de abril e iniciar desde allí la excursión. Las chicas y él se encontraban ya en el interior del vagón cuando los chicos llegaron jadeando y les dijeron que habían anticipado la fecha de un examen y que, por ese motivo, debían quedarse en Cracovia. Las chicas, sin embargo, no podían volver a esa hora al internado de las monjas nazaretanas, donde se hospedaban, porque éstas cerraban la puerta a las diez de la noche y no volvían a abrirla hasta las seis de la mañana.

Wojtyła apenas dispuso de unos minutos para decidir lo que debían hacer. La prudencia le aconsejaba aplazar la excursión, pero la transparencia absoluta de la relación de amistad que lo unía a sus compañeras de aventura le permitió decirles: «Da igual, nosotros vamos.» El tren estaba lleno, sólo quedaba un asiento libre. Según cuentan, cuando las chicas le preguntaron cómo debían dirigirse a él en público, dado que era conveniente llamarlo «don», Wojtyła, que iba vestido de turista, les respondió al vuelo citando una famosa frase del escritor Henryk Sienkiewicz: «Llamadme *wujek*», es decir, «tío». Este apelativo continuó siendo el apodo con que se dirigían a él muchos de sus amigos, incluso cuando ya era Papa.

Por lo demás, Wojtyła firmaba así las cartas, que escribía en el papel con el membrete pontificio e iban dirigidas a varios miembros de la rama materna de su familia que residían en Toruń, y a los que estaba agradecido por la ayuda que le habían brindado durante la Segunda Guerra Mundial.

En esas cartas demostraba un afectuoso interés por la existencia cotidiana de sus destinatarios: preguntaba por los conocidos, se informaba sobre la salud de los enfermos o expresaba su pesar por la muerte de un pariente. Nunca dejó de informarse sobre lo que sucedía en sus vidas, compatibilizándolo con sus crecientes responsabilidades pastorales. Cuando era cardenal fue a celebrar varios bautizos y la boda de una de sus descendientes, de la cual existen unas fotografías en las que aparece sonriendo durante el banquete nupcial. Siendo ya Papa, en una ocasión los invitó a pasar unas vacaciones en Castel Gandolfo.

Siempre que, mientras era obispo o cardenal, se encontraba de paso en Roma, los sacerdotes polacos que trabajaban en el Vaticano lo invitaban a celebrar el santo o el cumpleaños. Si no tenía algún compromiso ineludible, Wojtyła aceptaba encantado. Siendo ya Papa, uno de sus amigos no tuvo el valor de invitarlo a una de estas celebraciones. Algo más tarde, Juan Pablo II lo invitó a cenar en el Palacio apostólico y lo reprendió en tono de burla: «Cuando era cardenal me invitabas; en cambio, ahora que soy Papa ya no lo haces. ¡Da igual si voy o no, debes invitarme siempre!»

A decir verdad, fueron muchos los colaboradores de la Curia romana que, durante su pontificado, recibieron signos de reconocimiento el día de su santo o en el aniversario de su ordenación sacerdotal o episcopal. Y esta amabilidad se extendía, por descontado, a los laicos.

Después de su elección, sin ir más lejos, llamó por teléfono a Cracovia y pidió que incluyeran gratuitamente en el grupo que iba a viajar a Roma para presenciar la inauguración del pontificado a la señora Maria, que limpiaba el palacio arzobispal de Cracovia. Y el último día de su vida quiso despedirse de los más altos exponentes del Vaticano, pero también de Franco, que se ocupaba del apartamento pontificio, y de Arturo, el fotógrafo que lo había seguido durante numerosos años.

EL SACERDOTE QUE NACIÓ DE LAS CENIZAS DEL ACTOR

El recuerdo más antiguo de la infancia de Karol lo tenía su maestra de preescolar, la hermana Filotea: el pequeño tenía tan sólo cuatro años y frecuentaba la escuela maternal de las nazaretanas de Wadowice, que se encontraba en la calle Lwowska. Karol era un niño alegre y vivaz, y las religiosas lo llamaban «Lolek», un diminutivo familiar. En una ocasión en que estaba subido a un árbol, un perro se acercó a él y se puso a ladrar. Las monjas temieron que lo mordiese, de forma que corrieron en su ayuda. El niño, sin embargo, no parecía para nada asustado.

En el primer año de instituto, cuando Karol tenía once años, tiene lugar un episodio que demuestra su precoz sensibilidad religiosa. En el colegio había un bedel que abusaba del vodka. Un día se encontraba en la calle que pasaba por delante del edificio, completamente borracho, y no se dio cuenta de que se le acercaba un coche; éste lo atropelló y lo hizo caer al suelo, gravemente herido. Los estudiantes rodearon al hombre sin saber qué hacer, hasta que al cabo de varios minutos llegó el sacerdote de la parroquia que había en las proximidades en compañía de Karol, que había corrido a llamarlo para que prestara asistencia espiritual al bedel.

Los años siguientes en el instituto fueron los del descubrimiento del teatro, que para Wojtyła representó la primera pasión auténtica. Ya en tiempos de Wadowice había demostrado su capacidad interpretativa recitando el *Prometidion* de Cyprian Kamil Norwid con ocasión de un concurso en el que, al final, obtuvo el segundo premio. El 15 de octubre de 1938, cuando tenía dieciocho años, organizó una velada de poesía con unos amigos con los que estudiaba Filología polaca en la Universidad Jagellonica. Tras declamar unos versos de su autoría, declaró que deseaba ser actor.

Varios meses más tarde empezó a frecuentar el Teatro de la Palabra Viva. Allí tuvo como maestro a Mieczysław Kotlarczyk, quien mejoró su dicción, precisó el ritmo de sus tiempos y mejoró su sentido de la relación con el público. En junio de 1939 representó el papel del toro, uno de los signos del zodiaco, en el espectáculo *El caballero de la luna*, que se había montado en el patio del colegio Nowodworski. A éste siguió el papel de Gucio en *Votos de las muchachas*. Su memoria excepcional y su talento natural le permitieron representar, además de su propio papel, el de un compañero que había enfermado durante la puesta en escena de *Balladyna*.

Las representaciones continuaron de forma clandestina durante la ocupación nazi, y un día Wojtyła hizo gala de una gran sangre fría recitando el *Pan Tadeusz* mientras las SS patrullaban la calle.

Este inmenso amor por los escenarios convivía en Karol con una intensa búsqueda espiritual: dos caminos arduos que acabaron llevándolo a una encrucijada. Es probable que la difícil decisión entre uno u otro madurase durante un espectáculo en el que Karol declamaba un monólogo del rey Bolesław el Valiente en el que se evocaba la resurrección de Piotrowin por obra de san Stanisław, además de varios fragmentos del *Rey Espíritu* de Juliusz Słowacki. Tal y como refirió un testigo presencial, durante la primera representación Karol recitó con intensidad y firmeza, mientras que en la segunda, que tuvo lugar quince días después, lo hizo con un hilo de voz. Cuando le preguntaron por el motivo de ese inesperado cambio de registro, respondió que, tras reflexionar, había llegado a la conclusión de que el monólogo era una confesión.

Sus amigos pensaron que, a lo largo de esas semanas, de las cenizas del autor había nacido el sacerdote. Cuando Wojtyła ya era Papa uno de ellos le escribió una carta a la que adjuntó una grabación de dicho monólogo. Juan Pablo II respondió: «No te equivocas. Sucedió justo eso. Lo acepto de todo corazón.» En marzo de 1943 Wojtyła subió por última vez a un escenario, en este caso como protagonista de la obra *Samuel Zboroswski* de Słowacki.

La fuerte espiritualidad que animaba al joven estudiante apasionado del teatro no pasaba, desde luego, inadvertida para sus compañeros de universidad. Uno de ellos, que posteriormente se convertiría en amigo suyo, aseguró que su discreción era tal que durante mucho tiempo ignoraron incluso su apellido. De forma que le pusieron el apodo de «Sadok», dado que en esos años los libros de Władysław Grabski, *A la sombra de la colegiata* y *El confesionario*, cuyo protagonista era cierto padre Sadok, gozaban de gran popularidad.

Durante esos meses Wojtyła realizó un gesto que podría haberle costado muy caro. Desde el año 1936 la juventud universitaria tenía por costumbre realizar todos los años una gran peregrinación al santuario de la Virgen Negra de Jasna Góra. Durante la ocupación los nazis habían prohibido la iniciativa, pero para conservar la tradición Karol logró llegar clandestinamente al santuario con otros dos delegados, pese a que Częstochowa estaba rodeada por las tropas de Hitler.

UN CLANDESTINO EN EL SEMINARIO

A Juan Pablo II le gustaba repetir que su primer seminario había sido su casa, cuando aún vivía con su padre. Después fue el sastre Jan Tyranowski quien lo iluminó sobre el profundo significado de la oración e hizo que aumentase en él la devoción por lo divino. Tyranowski era, además, animador del grupo del «Rosario viviente», que estaba integrado por quince jóvenes, cada uno de los cuales debía recitar a diario un misterio. Karol entró a formar parte del grupo y en esa escuela de espiritualidad tuvo la oportunidad de conocer el *Tratado de la auténtica devoción a María*, del francés san Louis-Marie Grignion de Montfort, y las obras místicas del español san Juan de la Cruz.

A los veintidós años Wojtyła acabó de convencerse de que su camino pasaba por el auténtico seminario, el del arzobispado de Cracovia. Varios años antes se había resistido a la llamada del Señor, pese a que el arzobispo Adam Stefan Sapieha lo había invitado expresamente a ello el 3 de mayo de 1938, con ocasión de su visita pastoral a Wadowice, a la parroquia de la Presentación de la

Beata Virgen María, y para dar la confirmación a los estudiantes de bachiller. La tradición polaca establecía que los jóvenes que recibían la confirmación añadiesen un segundo nombre al propio. Karol eligió Hubert (Umberto), en memoria del dramaturgo Hubert Rosztworowski, que había fallecido varias semanas antes y cuya obra le apasionaba.

«Mi maestro de religión, el padre Edward Zacher, me confió la tarea de darle la bienvenida —contaría más tarde Juan Pablo II—. Por primera vez me encontré delante de ese hombre, al que todos veneraban. Sé que, después de escuchar mi discurso, el arzobispo preguntó al maestro de religión a qué facultad pensaba acudir después del examen de bachiller. El padre Zacher le respondió: "Estudiará Filología polaca." Según parece, el prelado respondió: "Lástima que no se dedique a la Teología."»

Harían falta todavía cuatro años para que la vocación de Karol se definiese con toda su plenitud. Un acontecimiento que, como él mismo afirmó, «sigue siendo un misterio incluso para mí. ¿Cómo se pueden explicar los caminos de Dios? Y, en cambio, sé que en cierto momento de mi vida percibí claramente que Cristo me decía lo que había dicho ya a miles de personas antes que a mí: "¡Ven, sígueme!" Era evidente que lo que sentía en mi corazón no era ni una voz humana ni una idea mía. Cristo me estaba llamando para que lo sirviese como sacerdote». El rector del seminario, el padre Jan Piwowarczyk, fue el encargado de recibirlo en el seminario, y al hacerlo le recomendó que fuese absolutamente discreto incluso con las personas más allegadas a él. La situación era, cuanto menos, delicada.

Desde que la Alemania de Hitler había invadido Polonia el 1 de septiembre de 1939, el edificio del seminario había sido requisado para albergar a la sección de las SS que se encargaba de garantizar la seguridad de las fuerzas de ocupación en Cracovia. Durante varios meses los seminaristas se habían alojado en el segundo piso del Palacio arzobispal pero, tras el cierre de todas las instituciones escolásticas que impuso el gobernador nazi, el arzobispo Sapieha había mandado a una parte de ellos a las parroquias, como ayudantes, mientras que los demás, que trabajaban en empresas sometidas al control de las autoridades alemanas, debían estudiar en casa. Los seminaristas clandestinos no se conocían entre ellos. Recibían los manuales para estudiar Filosofía y Teología directamente del prefecto don Kamizierz Kłósak, y luego cada uno realizaba individualmente el examen con el profesor.

Durante dos años, desde el otoño de 1942 hasta el verano de 1944, Wojtyła formó parte del segundo grupo. Para evitar ser deportado a realizar trabajos forzados en Alemania era, de hecho, necesario el *Ausweis*, un salvoconducto que expedían las autoridades alemanas a los trabajadores «socialmente útiles», de esta forma en 1940 empezó a trabajar también —tras un breve periodo como chico de los recados en un restaurante— en la cantera de piedra de Zakrzówek, que se encontraba a media hora a pie de su casa de Dębniki, como ayudante del obrero que hacía explotar las cargas explosivas.

En la primavera de 1942 había pasado ya a la fábrica química Solvay, situada en Borek Fałęcki, como encargado de la depuración del agua de las calderas. De hecho, mientras era ya un seminarista clandestino, siguió trabajando en ella. Sus compañeros, que lo veían siempre con un libro, pensaban que se trataba de un universitario, de manera que lo protegían y le permitían que estudiase durante el horario de trabajo.

Por aquel entonces su director espiritual era don Stanisław Smoleński, quien lo consideraba dotado de una gran preparación intelectual y moral, y además apreciaba su marcada disposición al sacrificio y al esfuerzo. Karol tenía un físico robusto, gracias al cual consiguió superar también el accidente del 29 de febrero de 1944, cuando un camión lo atropelló y lo dejó sin conocimiento en el arcén de la calle Konopnicka, mientras se dirigía a la fábrica. Al despertar comprobó que se encontraba en el hospital, con la cabeza vendada.

A principios de agosto de 1944 abandonó la Solvay para responder a la llamada del arzobispo Sapieha, quien nada más iniciarse la insurrección de Varsovia había ordenado que todos los seminaristas regresasen al Palacio arzobispal que se encontraba en la calle Franciszkańska, justificándose ante los nazis con el argumento de que «he pedido que vengan algunos seminaristas porque, dada mi condición de arzobispo, tengo derecho a disponer de alguien que intervenga en la celebración de la misa».

Karol llegó al seminario vistiendo camisa blanca, pantalones de algodón y unos zuecos. Al día siguiente recibió una sotana que había donado un sacerdote de la diócesis. La decena de seminaristas se alojó inicialmente en las estancias del primer piso de un ala lateral de la Curia, cuyas ventanas daban al patio interno y a la calle Wiślna. En octubre, tras la derrota de los insurgentes de Varsovia, el cardenal ofreció sus habitaciones a los sacerdotes que había huido de la capital y albergó a todo el grupo de jóvenes en la sala de audiencias, adyacente a su apartamento. Estos últimos dormían en unos camastros prácticamente pegados unos a otros, y en ese mismo espacio seguían también las lecciones.

La actividad diaria era intensa: se despertaban a las cinco de la mañana, luego venía el aseo personal y la gimnasia en el patio, la oración en la capilla, la meditación, la misa celebrada por el arzobispo, el desayuno y las lecciones de Filosofía y Teología. A la una se comía e inmediatamente y a continuación se podía pasear por el patio interior. Después se proseguía con la adoración del Santísimo Sacramento, el estudio y la lectura espiritual. A las ocho se cenaba, luego tenía lugar la función religiosa en la capilla y varias ocupaciones en silencio. A las nueve el arzobispo se dirigía a la capilla para una hora de adoración que realizaba tumbado en el suelo delante de la eucaristía, y a las diez regresaba a su apartamento no sin antes haber echado un vistazo a la sala para comprobar si los seminaristas dormían.

Uno de los compañeros de Wojtyła contó que de éste le habían impresionado sobre todo «su bondad, su benevolencia y su sentido de la camaradería. Se relacionaba fácilmente con sus interlocutores, intentaba comprenderlos y planteaba temas que nos interesaban a todos. Era callado, le gustaba escuchar historias cómicas que le hacían reír. Cumplía a rajatabla el reglamento del seminario. Se concentraba durante las lecciones, tomaba apuntes diligentemente y comprendía al vuelo la idea fundamental que el maestro pretendía transmitir. En los exámenes era lúcido y sus respuestas precisas satisfacían a los profesores y suscitaban la admiración de todos nosotros».

EL FANTASMA DEL DOBLE HOMICIDIO

Justo a estos dramáticos días se refiere la infamante acusación que lanzó contra Wojtyła el autor de programas radiotelevisivos Mario Dolcetta en el libro *Los espectros del Cuarto Reich*, el libro que la editorial Bur publicó en Italia en noviembre de 2007. A continuación reconstruiré la historia que se narra en él y que deja muchos cabos sueltos.

Situándola en el ámbito de una investigación sobre los últimos coletazos del nazismo de finales del siglo XX, Dolcetta cuenta la entrevista que realizó a un tal Horia Sima, que en su día había sido jefe del Movimiento Legionario rumano y viceprimer ministro de Rumanía entre 1940 y 1941, y que después había trabajado como agente secreto a las órdenes de Heinrich Himmler, el jefe de la policía nazi, además de como infiltrado por cuenta de la Gestapo y de las SS entre los rebeldes polacos. El encuentro, «tras no pocas vacilaciones, temores y cambios de idea», se celebró en Madrid en un mes sin precisar de 1978. Sima, que murió el 25 de mayo de 1993 en Múnich, no puede ya confirmar o rebatir lo que surgió a raíz de esa conversación.

Durante la misma el entrevistado mostró a Dolcetta una hoja en la que aparecían secamente escritas en alemán unas palabras que en español significan: «Apunte secreto del comando. Departamento principal de seguridad del Reich. Sección general. Varias declaraciones confirman que un sacerdote católico polaco, llamado Karol Wojtyła, ha participado activamente en el asesinato de alemanes. Ha cometido su delito con un cuchillo. Ordeno que el nombre de este violento asesino se incluya en la lista de prófugos. En cuanto a los efectos de la indicación mencionada dirigirse directamente a la Gestapo de Cracovia. Departamento F. VII A. Remitida por SD I y II Gestapo I RSM 87.»

Una revelación desconcertante, que Sima describió de esta forma al escritor italiano: «En Cracovia vigilábamos en particular al arzobispo de la ciudad, el príncipe Adam Stefan Sapieha, dada su clara postura contraria a la ocupación alemana. Tras una serie de reuniones con el clero local, a las que asistí haciéndome pasar por un fugitivo húngaro, un profesor de instituto, católico, y al que buscaban las SS, se enteró de la existencia de la organización clandestina protegida por la Iglesia [...] el domingo 7 de agosto [1944] es el día de los grandes rastreos de la Gestapo en toda Cracovia. Yo estoy en la sede de la Gestapo verificando las listas de posibles terroristas. Al leer el nombre de Karol Wojtyła me sobresalto, porque es un joven muy religioso, al que se vigila también porque se piensa que es hijo de una mujer judía, Emilia Katz, naturalizada con un nombre polaco, Kaczorowska, además de ser amigo de jóvenes judíos de su edad a los que protege...»

El relato prosigue introduciendo como coprotagonista a Grigori Caratiniescu, un colaborador de Sima: «Caratiniescu, que había visto bien a los conspiradores, recorría Cracovia acompañado de dos agentes de la Gestapo. Todos iban vestidos de paisano. Wojtyła vivía en el centro y Caratiniescu lo identificó mientras entraba en su casa con otros dos jóvenes. Los tres escaparon antes de que pudiesen detenerlos; los persiguieron, pero Caratiniescu no era tan rápido como los polacos y los dos alemanes que corrían detrás de ellos. Vio que escapaban y luego, tras doblar una esquina, se encontró con dos soldados alemanes que yacían en el suelo ensangrentados.

De los tres fugitivos no había ni rastro... Al día siguiente los dos agentes heridos fallecieron. De Wojtyła se supo que se había refugiado en el palacio del príncipe Sapieha, el arzobispo, y que éste había entregado a Karol y al resto de subversivos católicos un hábito talar y se había apresurado a nombrarlos clérigos... Me sorprendió, aunque sólo hasta cierto punto, cuando años después lo eligieron Papa: una vez más se confirmó mi opinión sobre el Vaticano.»

Si se relaciona esta última afirmación con la fecha de la entrevista, 1978, surge la primera señal de incongruencia sospechosa. Wojtyła se convirtió en Pontífice el 16 de octubre. A menos que la entrevista hubiese tenido la fortuna de realizarse durante los dos últimos meses de ese año, es imposible que Sima pudiese mencionar la elección: pero, incluso en el caso de que hubiese sido así, resulta aún más extraña la referencia a un pasado lejano («cuando lo eligieron Papa») cuando, en realidad, el hecho había acaecido hacía apenas unas semanas.

Todavía se entiende menos cómo es posible que, en el preciso momento en que la atención de todo el mundo estaba centrada en el recién elegido Wojtyła, tanto Sima como Dolcetta no se hubieran aprovechado de una información que, en caso de ser verdadera, hubiese constituido un *scoop* impresionante. Y es además notable la perseverancia con que Dolcetta mantuvo en secreto durante casi treinta años una «bomba» periodística semejante y sólo la dejó caer *en passant* en la página 155 de su libro. ¡Por no mencionar el detalle, en cualquier caso relevante para una reconstrucción histórica, de que, en 1944, el citado 7 de agosto era un lunes!

Como quiera que sea, resulta evidente que una acusación de semejante alcance no podía por menos que inducir a la Postulación de la Causa de Juan Pablo II a actuar para averiguar la verdad. Interrogada sobre la cuestión, la fuente más autorizada sobre el tema, es decir, la Comisión para la Historia Contemporánea, con sede en Bonn, respondió secamente con una carta firmada por Karl-Joseph Hummel que «desde 2003 existe una edición en microfilme que contiene todos los documentos e informes de la policía estatal secreta, de la oficina principal SD de las SS y de la oficina principal de Seguridad desde 1933 a 1945: dicha edición no contiene el documento que se busca, el nombre de Wojtyła no aparece en los pormenores del libro de apertura, ni siquiera como parte del índice».

El doctor Hummel prosigue su análisis con dureza: «La comparación de los documentos de la edición en microfilm con el documento de Dolcetta corrobora la impresión de que el de Dolcetta es una falsificación que ni siquiera ha sido realizada inteligentemente: en el encabezamiento faltan las indicaciones de lugar y fecha; no se nombra como se debe al remitente del documento, y el destinatario no aparece mencionado; la Gestapo sabía normalmente de quién hablaba y jamás habría denominado a un estudiante polaco de teología «sacerdote católico». Tras explicar que ha pedido en vano aclaraciones al autor concluye diciendo que: «Tal vez el motivo de su silencio sea que este documento no existe en los archivos sino que fue "elaborado" más tarde.»

A la luz de estas consideraciones la acusación parece, por tanto, totalmente infundada. Hecho que explica, entre otras cosas, cómo es posible que, pese a su carácter presuntamente «clamoroso», los históricos la hayan pasado siempre por alto.

AL SERVICIO DE DIOS Y DE SU PUEBLO

En octubre de 1946 el cardenal Sapieha decidió que Wojtyła se trasladase a Roma para completar sus estudios en una universidad pontificia y fijó como fecha de su ordenación sacerdotal el 1 de noviembre siguiente, la fiesta de Todos los Santos. Karol llegó de buena mañana a la capilla donde se celebró la ceremonia acompañado de un reducido grupo de parientes y amigos.

El 2 de noviembre, día que la liturgia dedica a la memoria de los difuntos, Juan Pablo II celebró su «primera misa» en la cripta de San Leonardo, en el interior de la catedral de Wawel, en Cracovia. Durante los días sucesivos celebró también en la parroquia de San Stanisław Kostka, en Dębniki, y en la de la Presentación de la Madre de Dios, en Wadowice. También celebró una misa en el altar de San Stanisław, siempre en Wawel, para sus amigos del Teatro de la Palabra Viva y de la organización clandestina Unión, de la que había formado parte durante la ocupación nazi.

La ordenación fue un momento clave en la vida de Karol Wojtyła. Lo subrayó él mismo afirmando que «nada tiene más importancia para mí o me causa una mayor alegría que celebrar a diario la misa y servir al pueblo de Dios en la Iglesia. Y eso es así desde el mismo día de mi ordenación como sacerdote. Nada lo ha podido cambiar en ningún momento, ni siquiera el hecho de ser ahora Papa».

Un testimonio significativo al respecto es el de un monseñor que había reconocido —en un mendigo que se detenía siempre en la calle de la Traspontina, a pocos pasos de San Pedro— a un sacerdote que se había apartado del ministerio. Consiguió que lo incluyeran en una audiencia en la sala Clementina y avisó a Juan Pablo II de su presencia. El Pontífice, explicó, le pidió si podía confesarlo y, después del sacramento, dijo: «¿Entiendes la grandeza del sacerdocio? No la desfigures.»

El 15 de noviembre de 1946, acompañado del seminarista Stanisław Starowieyski, don Wojtyła subió por primera vez al tren que lo iba a conducir al otro lado de la frontera. Fue un viaje largo y emocionante, como él mismo contó: «Mirando por la ventanilla del tren en marcha vi ciudades que sólo conocía por los libros de geografía. Vi por primera vez Praga, Núremberg, Estrasburgo y París, donde nos detuvimos, dado que habíamos sido invitados al seminario polaco que se encuentra en la calle des Irlandais. Abandonamos la ciudad al poco tiempo, porque teníamos prisa, y llegamos a Roma a finales de noviembre.» En un primer momento residió con los padres Pallotines, luego se trasladó al Colegio belga, que se encuentra en la calle del Quirinale, a pocos metros de la Universidad Angelicum, en la que, en menos de dos años, el 19 de junio de 1948, se licenció con una tesis sobre *La doctrina de la fe según san Juan de la Cruz.*

Don Karol se emocionó mucho durante la audiencia con Pío XII a la que asistió a principios de 1947. El Papa saludó uno por uno a todos los sacerdotes jóvenes y seminaristas del Colegio belga y, cuando llegó a su lado, el rector Maximilien de Furstenberg se lo presentó comentando que venía de Polonia. Pío XII se detuvo y, con evidente emoción, repitió «de Polonia». Acto seguido le dijo en polaco: «Alabado sea Jesucristo.»

A ese periodo se remonta una conversación de Wojtyła con un sacerdote belga que era miembro de la Jeunesse Ouvrière Chrétienne del futuro cardenal Joseph Cardijn. Mientras reflexionaban sobre la situación que se había creado en Europa al finalizar la Segunda Guerra Mundial el sacerdote le dijo: «El Señor ha permitido que vosotros viváis la experiencia de un mal como el comunismo... ¿Por qué lo habrá consentido?» Sin darle tiempo a contestar se respondió a sí mismo: «Quizá nos lo ahorró a nosotros, los occidentales, porque no habríamos sido capaces de soportar una prueba semejante. Vosotros, en cambio, lo lograréis.» Una frase que Juan Pablo II evocó más tarde por su valor profético.

Uno de sus condiscípulos recordó así esos días: «En el Colegio belga citábamos con frecuencia el dicho de Napoleón: "Puedo perder alguna batalla, pero jamás un minuto." Wojtyła aprovechaba cada minuto para finalizar su tesis. Sabíamos que era un buen futbolista, pero no logramos persuadirlo de que entrase en nuestro equipo. ¿Fue ésa la razón de que perdiéramos contra los equipos de Brasil y de Inglaterra? En cualquier caso, de vez en cuando participaba en los pequeños partidos que jugábamos en el jardín.»

CON LOS BRAZOS EN CRUZ

Karol estaba muy concentrado en su objetivo. Tal y como subrayó un compañero de su época romana, «era siempre muy discreto con los amigos que frecuentaba y las fotografías de grupo son una buena muestra de ello, porque siempre aparece en la última fila. Durante las conversaciones jamás se mostraba demasiado elocuente. Nunca me habría imaginado que, unas décadas después, sería capaz de tomar la palabra con una seguridad semejante y guiaría a la Iglesia universal con la energía y la eficacia con que lo hizo. Su caso responde perfectamente al refrán francés: "La función crea al hombre"».

Con muchos de estos amigos perdió el contacto durante mucho tiempo, pero tras ser elegido Pontífice quiso volver a verlos a todos en el Vaticano. Los invitó a concelebrar una misa en su capilla privada y luego comieron juntos. Uno de los presentes recordó que Juan Pablo II les dijo cordialmente: «Os conozco a todos por nombre y apellido. ¿Quién se iba a imaginar que tenía que convertirme en Papa para que nos pudiéramos reunir de nuevo después de treinta años?»

Pocos días después de presentar la tesis de licenciatura, Wojtyła regresó a la diócesis, donde se le confirió su primer encargo, la denominada *aplikata,* como vicepárroco de Niegowić, que se encontraba a unos treinta kilómetros de Cracovia. Se trataba de una comunidad de cinco mil almas desperdigadas en trece pueblos y barrios completamente excluidos de los habituales recorridos de los medios de transporte públicos. El 8 de julio de 1948 don Karol partió a bordo de un autobús de Cracovia y, llegado un momento, tuvo que apearse del vehículo y caminar. Un campesino se ofreció a llevarlo con su carro. Cuando llegaron al confín del territorio parroquial, Karol quiso bajar: se arrodilló y rezó por sus nuevos parroquianos, siguiendo el ejemplo de san Jean-Marie Vianney, el famoso cura de Ars.

Durante un año colaboró con el párroco Kazimierz Buzala y con otros tres vicarios. Al mismo tiempo enseñaba religión en las cinco escuelas de primaria que había desperdigadas por el territorio, una actividad que le ocupaba unas treinta horas a la semana, y dirigía la Asociación católica de la juventud femenina. El hecho de tener que hablar de manera sencilla, de trabajar mucho y, a menudo, en contacto con unas condiciones económicas y sociales difíciles, y de vivir en un ambiente campesino tan distinto al académico supusieron un auténtico reto pastoral para un intelectual como don Karol.

Los parroquianos se quedaron profundamente impresionados de su extraordinaria devoción eucarística, que manifestaba en las larguísimas adoraciones al Santísimo Sacramento. A menudo Wojtyła pasaba parte de la noche rezando delante del altar, tumbado en el suelo con los brazos en cruz. Un testigo destacó: «La presencia de Cristo en el sagrario le permitía tener una relación muy personal con Él: no sólo hablaba a Cristo, conversaba con Él.» Pasado el tiempo, y observando el comportamiento del joven capellán, su ama de llaves profetizó: «Usted llegará a ser obispo.»

En octubre de 1948 murió el cardenal primado August Hlond y la Iglesia polaca nombró como nuevo primado a un joven arzobispo, Stefan Wyszyński, que por aquel entonces tenía cuarenta y siete años. El episcopado pretendía, de hecho, comprometer a las fuerzas más válidas en la lucha contra el comunismo, para evitar la difusión de las tesis marxistas. Debido a ello, el 17 de agosto de 1949 el cardenal Sapieha decidió trasladar a don Karol a la parroquia de San Floriano de Cracovia, que se encontraba a pocos pasos de la Universidad Jagellonica.

El párroco, monseñor Tadeusz Kurowski, le asignó la catequesis de las clases superiores del instituto y la asistencia espiritual a los estudiantes universitarios. A éstos Wojtyła proponía todos los jueves una conferencia sobre temas fundamentales relativos a la existencia de Dios y a la espiritualidad, unos temas de gran impacto en un contexto que se encontraba sofocado por la propaganda comunista a favor del ateísmo militante. Para explicar con mayor claridad sus reflexiones —que a menudo abordaban sutiles cuestiones teológicas—, preparaba unos esquemas que imprimía con el ciclostil en papel de periódico.

En ese marco universitario se constituyó ese grupo de amigos tan unidos que incluso transcurrían las vacaciones juntos y del que surgieron numerosos matrimonios. Y fue precisamente en las conversaciones que don Karol mantuvo durante ese periodo donde fue tomando forma y perfilándose su teología del cuerpo y del matrimonio. El famoso ensayo *Amor y responsabilidad*, que fue publicado en 1960, era, en su origen, el texto de los ejercicios espirituales que proponía a los novios.

Su primera excursión tuvo como meta Kozy, y el grupo durmió en la parroquia de don Franciszek Macharski, que años más tarde sustituiría al papa Wojtyła en la cátedra de Cracovia. Fue el inicio de una larga serie de excursiones en las que solían hacer también trayectos en canoa. Todas las mañanas se celebraba una misa; la lectura del Evangelio iba seguida de una breve homilía en la que se proponía una frase sobre la que debían reflexionar durante todo el día. A don Karol le gustaba mucho estar con la gente, pero también le encantaban las excursiones en canoa, porque mientras navegaba solo o, como mucho, en compañía de un amigo, podía pensar y abstraerse en total libertad. Tanto es así que, en 2000, se llevó una gran alegría cuando un grupo integrado por tres generaciones de esos antiguos amigos viajó a Castel Gandolfo para realizar lo que definieron como «la canoa en seco»: tras colocar una en el prado, delante de Juan Pablo II, cantaron en honor del «tío». Al final, hasta ciento veinte personas lo saludaron una a una.

Para lograr que aumentase la participación de los jóvenes de la parroquia, a don Karol se le ocurrió organizar un coro, que empezó con tan sólo diez jóvenes, cinco chicos y cinco chicas. Al principio recopilaron un repertorio de *Kolędy* (los villancicos, sobre los que Polonia cuenta con una riquísima tradición). Después, el joven vicepárroco pidió al actor Adamski que le echara una mano, y logró montar un Misterio cuaresmal que propuso en la iglesia durante el periodo pascual de 1951.

«TOTUS TUUS»

El activismo y la preparación cultural de Karol Wojtyła llamaron la atención del arzobispo Eugeniusz Baziak, que había sustituido al cardenal Sapieha, fallecido el 23 de julio de 1951, en la cátedra de Cracovia. Baziak quiso orientarlo hacia la enseñanza universitaria y, de esta forma, en septiembre de 1951, Wojtyła empezó a prepararse para la capacitación como docente libre de Ética y Teología Moral. La obtuvo en diciembre de 1953 con la tesis *Valoraciones de la posibilidad de construir una ética cristiana fundada en el sistema de Max Scheler*, y el destino quiso que la suya fuese la última capacitación que otorgó la Facultad de Teología de la Universidad Jagellonica, ya que pocos meses después las autoridades comunistas la clausuraron.

Don Karol empezó enseguida a enseñar en el seminario de Cracovia y en la Universidad Católica de Lublino hasta que, el 15 de noviembre de 1957, fue oficialmente nombrado docente libre. Para comprender la importancia de este ministerio basta decir que desde 1967 —cuando no pudo viajar físicamente a Lublino como cardenal—impartió sus lecciones en el arzobispado, pagando con su sueldo de profesor el viaje de los estudiantes hasta Cracovia.

Pese a sus tareas de docencia, seguía ocupándose de los jóvenes, consciente de que el esfuerzo directo en la pastoral no representaba un «plus», sino que encarnaba la verdadera esencia de su condición de sacerdote. Por eso no fue casual que la noticia oficial de su nombramiento como obispo auxiliar de Cracovia la recibiese en el curso de una de sus habituales excursiones veraniegas, en concreto en julio de 1958. Unos días antes le habían anunciado que debía reunirse con el cardenal primado Stefan Wyszyński. De manera que don Karol se limitó a dejar la sotana en casa de un conocido de Varsovia y se marchó a remar tranquilamente, vestido con unos pantalones cortos y una camisa, al río Łyna.

El 3 de julio de 1958 abandonó el grupo y, acompañado de su amigo Zdzisław Heydel, llegó a los alrededores del pueblo de Olsztynek. Después, un camión cargado de sacos de harina los dejó en la estación ferroviaria desde la que esa misma noche debía partir el tren para Varsovia. Si bien Karol llevaba consigo el saco de dormir, él mismo contó más tarde que «no lo necesité, porque no pegué ojo». El 4 de julio se presentó puntual en el episcopado de la calle Miodowa y el cardenal Wyszyński le comunicó la decisión de la Santa Sede. Wojtyła sabía ya qué objetar: «Eminencia, soy demasiado joven, apenas tengo treinta y ocho años.» El primado le replicó con fina ironía: «Es una debilidad de la que no tardará en liberarse. Le ruego que no se oponga a la voluntad del Santo Padre.» Wojtyła no tuvo más remedio que aceptar.

Al día siguiente fue a Cracovia a informar a monseñor Baziak y a pedir su autorización para poder volver junto a sus amigos al campamento del río Łyna. Al principio el arzobispo se mostró reticente y le explicó que no le parecía oportuno, pero don Karol objetó: «¿Y qué harán el domingo? ¿Quién celebrará la misa para ellos? Se quedarán sin ella.» Baziak cedió entonces y se despidió de él sonriendo: «Vaya, ¡pero le ruego que vuelva a tiempo para la consagración!»

El rito estaba programado para el 28 de septiembre, la fiesta litúrgica de san Venceslao, patrón de la catedral de Wawel. Estaba previsto que, durante la ceremonia en nombre del consagrado, varios de sus allegados le ofrecieran algunos dones simbólicos. Seis amigos le llevaron las velas, el pan y el vino. «No tenía familia, sólo a vosotros», les dijo después Wojtyła a quienes había elegido como sus «representantes». La fiesta prosiguió en el seminario, donde los invitados disfrutaron de la frugal recepción, y finalizó en el santuario de Częstochowa: en él, al alba, Wojtyła celebró para los más íntimos la misa en la capilla donde se encontraba el icono milagroso de la Virgen Negra.

Precisamente en honor de la Virgen quiso que en su escudo episcopal figurase el lema *Totus tuus*, inspirado en la doctrina de Louis-Marie Grignion de Montfort. Se trata de las primeras palabras de una frase con la que el santo expresaba su voluntad de entrega total a Jesús a través de María: «Yo soy todo tuyo, y todo cuanto es mío te pertenece, mi amable Jesús, por medio de María, tu santa Madre.»

Según explicaría más tarde el mismo obispo, «la doctrina de este santo ha ejercido una profunda influencia en la devoción mariana de muchos fieles y en mi vida. Se trata de una doctrina vivida, de notable profundidad ascética y mística, expresada con un estilo vivo y ardiente, que se vale a menudo de imágenes y símbolos». Uno de sus antiguos amigos, el cardenal Andrzej Maria Deskur confirmó: «Su pertenencia a María orientó mucho mi vida. Ya en Cracovia me explicaba el significado de la santa esclavitud de san Grignion de Montfort. Me decía que debíamos servir a Dios como hacía María, esto es, abandonándonos por completo a Él.»

TODO CON LA MIRADA DE LA FE

Durante cuatro años Wojtyła ayudó incansablemente al arzobispo Baziak, que estaba minado por la enfermedad, en el ámbito del ministerio episcopal. Así pues, cuando Baziak falleció, fue natural que el Capítulo de Cracovia lo eligiese vicario capitular a la espera de que llegase el nombramiento del nuevo ordinario diocesano de la Santa Sede. En realidad el obispo auxiliar más viejo era monseñor Julian Groblicki y, durante la reunión que tuvo lugar el 16 de julio de 1962, Wojtyła insistió sobre ese aspecto. Pero el canciller de la Curia, monseñor Kuczkowski, se arrodilló ante su imponente figura y le rogó, en nombre de las necesidades de la Iglesia de Cracovia, que aceptase el puesto de vicario.

Tres meses más tarde, el 5 de octubre, monseñor Wojtyła partió rumbo a Roma para tomar parte en la primera sesión del Concilio Vaticano II (11 de octubre-8 de diciembre de 1962). Al año siguiente repetiría este viaje del 6 de octubre al 4 de diciembre de 1963, con ocasión de la segunda sesión conciliar, después de lo cual viajó como peregrino a Tierra Santa, del 5 al 15 de diciembre. Mientras seguía las huellas terrenas de Jesucristo sabía ya que, dos semanas después, es decir, el 30 de diciembre de 1963, se haría público su nombramiento como arzobispo de Cracovia.

La alegría que experimentó la diócesis fue inmensa y el 8 de marzo de 1964, fecha en que se celebró en Wawel su solemne toma de posesión, muchos fieles no lograron entrar en la catedral, hasta tal punto estaba ésta abarrotada. Idénticas manifestaciones de afecto recibió poco tiempo después durante las celebraciones del *Sacrum Millennium Poloniae* de 1966. Wojtyła celebró la misa en la parroquia de Szczepanow, la localidad natal del obispo y mártir san Stanisław, patrón de Polonia: movidos por el afecto y por el entusiasmo los fieles lo transportaron en brazos desde su coche hasta el altar de la iglesia.

En ese mismo año se produjo una cómica anécdota en el ámbito de las celebraciones del Milenio en Tum Łęczucki. Llovía a raudales y el agua había llenado el baldaquín que había sobre el altar. Alguien levantó un borde del tejido con la intención de descargarlo de ese peso, pero erró el ángulo de inclinación y el agua cayó encima del arzobispo que, en cualquier caso, hizo gala de una estoica imperturbabilidad.

Acompañado de sus obispos auxiliares —que desde abril de 1970 eran cuatro (además de Groblicki estaban también Stanisław Smoleński, Jan Pietraszko y Albin Małysiak)—, Wojtyła estableció un método de trabajo colegial que preveía una reunión semanal durante la cual se discutían las cuestiones del momento. Problemas que —como se apresuró a subrayar desde un principio— debían afrontarse sobre todo con la mirada de la fe. Al grupo se unían, en cada ocasión, los responsables de las diferentes secciones diocesanas, como los cancilleres, el notario o los distintos directores.

Uno de sus auxiliares testimonió que «en su ministerio episcopal se inspiró en los modelos pastorales de san Stanisław, que murió martirizado para defender a su pueblo de la arrogancia del rey polaco Bolesław, y de san Carlo Borromeo, su patrón, que fue obispo de la reforma del Concilio de Trento. Siguiendo dichos ejemplos Wojtyła se distinguió por la valerosa defensa del pueblo contra la dictadura del comunismo, sosteniendo su derecho a la libertad religiosa y de culto».

En Cracovia, tal y como refirió un testigo durante el proceso de beatificación, el arzobispo «invitaba a menudo a su residencia a varios grupos sociales: los intelectuales, los operadores del mundo científico y de la cultura, los abogados y los operadores sanitarios. De esta forma infundía fuerza, apoyaba y daba sugerencias. Tomaba la palabra en todas estas ocasiones, a fin de que los asistentes pudiesen recordar algo de unas reuniones que organizaba demostrando una gran capacidad. Hablaba muy bien y tenía un marcado sentido del humor».

Mientras fue obispo siguió dedicando también una especial atención a la pastoral de los jóvenes, a los que consideraba como la gran esperanza de la Iglesia. Según decía, llevaba ese ministerio en la sangre y, de hecho, jamás lo abandonó. Asistía a los jóvenes en calidad de director espiritual manteniendo contactos personales y conversando a menudo con ellos. Consciente del papel fundamental de la catequesis, alentaba a los sacerdotes a organizar cursos destinados a todas las edades, hasta que la enseñanza de la religión volviese a ser admitida en las escuelas.

Wojtyła participó activamente en los trabajos del Concilio Vaticano II. No sólo asistió a las dos primeras sesiones; también tomó parte en la tercera (14 de septiembre-21 de noviembre de 1964) y en la cuarta (14 de septiembre-8 de diciembre de 1965). El arzobispo intervino globalmente en la asamblea ocho veces, presentó trece informes escritos y redactó otros tres con otros padres conciliares. Fue miembro de la Comisión de estudio para los problemas de la población, de la familia y de la natalidad, y participó activamente en la subcomisión encargada de redactar el *Schema XIII,* fuente de la constitución *Gaudium et spes.* Para Wojtyła constituyó una experiencia fundamental que tuvo como fruto el libro *En las fuentes de la renovación conciliar,* que escribió para indicar a sus sacerdotes y fieles la necesidad de encarnar la doctrina conciliar en la pastoral ordinaria de la diócesis de Cracovia.

Sus intervenciones se centraron en tres temas: la Iglesia, la libertad religiosa y el mundo contemporáneo. Al abordar la cuestión eclesiológica, Wojtyła propuso que —en el texto definitivo de la *Gaudium et spes*— se antepusiese el capítulo sobre el pueblo de Dios al referente a la jerarquía, manifestando de esta forma la alta consideración que le merecía el cuerpo de fieles. Una consideración que, en un momento en que muchos pensaban que los laicos eran meros ejecutores de las decisiones de la jerarquía eclesiástica, Wojtyła expresó a través de innumerables pequeños gestos. Su intervención en el debate sobre el apostolado de los laicos, sin ir más lejos, se inició con un sonoro «*Venerabiles patres, fratres et sorores*» (Venerables padres, hermanos y hermanas): de esta forma fue el único que subrayó públicamente la presencia en el Concilio de varias mujeres en calidad de oyentes.

En cuanto al tema de la libertad religiosa, su contribución puso de relieve, por una parte, que la fe jamás puede ser objeto de coerción por parte del poder civil y, por otro, que confiar a la responsabilidad personal la libertad en materia de fe no significa abrir las puertas al indiferentismo religioso.

No obstante, Wojtyła dejó sobre todo su huella en el esquema referente a las relaciones entre la Iglesia y el mundo contemporáneo. Intervino en la preparación del borrador y planteó una serie de objeciones sobre el tono excesivamente moralista del texto y sobre el hecho de que la Iglesia se situaba demasiado por encima del mundo. En la sección del documento que redactó él personalmente se insistía con cierta firmeza en identificar el comunismo ateo con un problema fundamental de la Iglesia del momento. No obstante, la subcomisión rechazó su texto al considerar que la óptica se centraba excesivamente en el ateísmo.

El teólogo Yves Congar se ocupó de modificar el escrito que, de esta manera, se convirtió, tras unos animados debates, en el cuarto capítulo de la *Gaudium et spes*. De esos días nos resta la anotación que Congar, al que Juan Pablo II nombró cardenal en 1994, hizo en el *Diario del Concilio:* «Wojtyła causa una grandísima impresión. Su personalidad se impone. De ella emana un fluido, una atracción, cierta fuerza profética tan extremadamente serena como indiscutible.»

Al valorar el borrador final en su intervención en la asamblea del 28 de septiembre de 1965, Wojtyła puso dos objeciones. En primer lugar recalcó la ausencia de realismo cristiano en la visión del mundo que proponía el texto y criticó el fácil optimismo de esas páginas. Luego, al abordar el tema del ateísmo, declaró que «sería conveniente distinguir entre el ateísmo que nace de las convicciones personales y el que se impone desde el exterior mediante presiones de todo tipo, físicas y morales, especialmente cuando se impide profesar la propia fe en la vida pública y oficial y se exige poco menos que la profesión del ateísmo, impregnando con éste la instrucción de los jóvenes incluso en contra de la voluntad de los padres».

Al final, en los documentos conciliares no se incluyó la menor referencia a la cuestión del comunismo (en el índice analítico del Vaticano II este término no aparece en ningún momento). Un silencio que fue un motivo de fuerte amargura para el arzobispo.

ENTRE CULTURA Y PASTORAL

En el seno de la Conferencia episcopal polaca, de la cual era vicepresidente, Karol Wojtyła se ocupó en particular de la relación cultural con las universidades y de la asistencia pastoral a los laicos. En su calidad de presidente de la Comisión episcopal para el laicado, hizo cuanto pudo para que, de acuerdo con las intenciones del Vaticano II, los laicos asumieran tareas de responsabilidad en la vida de la Iglesia.

No era, desde luego, inferior el esfuerzo que realizaba en aras de la promoción cultural y de la mejora de la calidad de los estudios de teología en los seminarios diocesanos: de hecho, era la única forma de preparar unos profesores competentes para los ateneos teológicos. Por iniciativa suya se creó el llamado Consejo científico, del que fue presidente.

Hombre de profunda y amplia preparación cultural, Wojtyła no sólo incitaba a los profesores de los ateneos teológicos a escribir ensayos sobre los problemas de actualidad, sino que él mismo redactaba artículos científicos que después publicaba en varios diarios polacos. Devoraba literalmente los libros, aprovechando cualquier ocasión para leer y estar al día. Y, para poder hacerlo incluso en el coche, se hizo montar una lámpara en el asiento posterior. Cuenta una anécdota que, durante unas vacaciones, mientras una señora le leía un libro en voz alta y su hija otro, él leía el suyo.

En Cracovia trabajaba para la capilla de la calle Franciszkańska, donde podía estudiar y orar sin demasiadas distracciones (para concentrarse mejor leía a veces con los pies sumergidos en agua fría). Muchos lo pudieron ver arrodillado junto al escritorio, que todavía se encuentra a la izquierda del tabernáculo. Para él la oración fue siempre una fuente de fuerza y de inspiración, hasta el punto de que, en las pausas entre una lección y otra del seminario, iba a la capilla para revigorizarse espiritualmente.

A mediados de los años cincuenta el gobierno polaco había suprimido las Facultades de Teología en las Universidades estatales de Varsovia y Cracovia, sustituyéndolas por la Academia de Teología católica de Varsovia, con la evidente intención de debilitar a la Iglesia. Wojtyła y el cardenal Wyszyński sostenían opiniones diferentes sobre esta institución. Wyszyński se había esforzado para que la enseñanza que se impartía en la Academia permaneciese en el seno de la ortodoxia católica y estaba bastante satisfecho del resultado, que consideraba, en todo caso, un instrumento al servicio de la Iglesia. Wojtyła, en cambio, se opuso a que la Santa Sede la reconociese. Si bien admitía su ortodoxia doctrinal, se negaba a que un instituto pagado por el régimen comunista pudiese ser considerado el legítimo sucesor de las dos facultades suprimidas, ya que con ello la Iglesia corría el riesgo de perder el derecho a tener una Facultad de Teología propia.

Según afirmó públicamente el general Wojciech Jaruzelski, ex presidente de la República polaca, «a menudo comparábamos al primado Wyszyński con el cardenal Wojtyła. Valiéndonos de las imágenes describíamos al primado como la "roca" y a Wojtyła como el "rompehielos", en el mejor sentido de la palabra, es decir, como un hombre capaz de romper los prejuicios de ambas partes».

Los comunistas intentaron dividirlos, diciendo que Wyszyński era duro y fanático, mientras que Wojtyła era un hombre culto y abierto. Por ese motivo Wojtyła se decantó abiertamente a favor de Wyszyński, para despejar cualquier posible duda. Poco a poco, las autoridades también se percataron de que la idea de que Wojtyła estaba más dispuesto que Wyszyński a resolver los problemas mediante soluciones de compromiso no era correcta. La confirmación definitiva de esta suposición la tuvieron cuando, en septiembre de 1967, se negó al primado el pasaporte para poder acudir a la primera asamblea general del Sínodo de obispos en Roma y Wojtyła renunció a tomar parte en señal de solidaridad.

En sus relaciones con el cardenal Wyszyński, Juan Pablo II demostró en todo momento una extrema lealtad. Cuando hablaba del primado, Wojtyła describía su extraordinaria personalidad y subrayaba su capacidad de mantener unido al episcopado polaco en un momento especialmente difícil para la Iglesia católica. Repetía con frecuencia que la primera función de los episcopados de un país era precisamente la de mantenerse unidos para garantizar la salvación y la vitalidad de la Iglesia. Por esa razón dejaban en un segundo plano las divergencias que pudieran existir (probable alusión a las diferentes posiciones que defendían el primado y él) con tal de salvar la unidad entre los obispos.

En esta óptica de superación del conflicto a favor de la reconciliación hay que considerar una iniciativa en la que Wojtyła desempeñó un papel relevante y que levantó una gran polvareda. Me refiero a la redacción de la ya famosa carta que el episcopado polaco envió al episcopado alemán el 18 de noviembre de 1965 como una señal simbólica de reconciliación entre dos países que se habían enfrentado duramente en el curso de la Segunda Guerra Mundial. En el texto se incluyó un verso de Horacio al que Pablo VI ya había hecho referencia en la carta que dirigió el 29 de septiembre de 1962 a los hermanos separados de la Iglesia católica: «*Veniam damus petimusque vicissim*» (Perdonemos y pidamos perdón).

A pesar de la propaganda hostil de las autoridades comunistas y de las dificultades que experimentaban muchos católicos polacos a la hora de aceptar un acto de semejante alcance, al final el resultado de la iniciativa fue, sin lugar a dudas, positivo y constructivo. La perspectiva histórica permite entrever en esta valerosa elección una primera manifestación de uno de los rasgos que caracterizarían después al papa Juan Pablo II: el deseo de superar las heridas del pasado, de promover la reconciliación entre los pueblos y de mirar hacia delante con un nuevo espíritu.

El cardenal Wojtyła fue también el primero de los obispos polacos que, durante el viaje a la Alemania occidental que realizó en septiembre de 1975, quiso visitar la Alemania oriental, en lo que puede ser considerado un pequeño, pero significativo, gesto de ánimo a una Iglesia que vivía en medio de una profunda soledad y de grandes dificultades a causa de la opresión del régimen. Wojtyła fue a Erfurt, donde estaba teniendo lugar una manifestación de católicos, presidió la celebración eucarística y visitó al obispo Joachim Meisner, que después sería nombrado cardenal y con quien entabló una hermosa amistad.

EN EL HIELO DE NOWA HUTA

Para valorizar la aportación de todos los sacerdotes de la diócesis de Cracovia el arzobispo Wojtyła creó el Consejo presbiteral, un organismo al que consultaba antes de adoptar cualquier decisión importante. Estaba integrado por treinta sacerdotes que el clero elegía democráticamente cada cuatro años. Uno de los miembros declaró que «desde el principio él confió mucho en el Consejo al igual que Cristo confiaba en su Iglesia y en sus ministros. Wojtyła presidía siempre la misa con la que se iniciaban las reuniones del Consejo, comentaba la palabra de Dios y a continuación moderaba el debate. La atmósfera que se generaba durante los trabajos era cordial, serena y fraternal. Todos podían tomar la palabra con libertad, sabiendo que su opinión sería escuchada con gratitud y atención». Y, de hecho, el Consejo presbiteral puso en marcha numerosas iniciativas destinadas a promover la formación, la convivencia y la colaboración del presbiterio, que el arzobispo aprobó siempre de buen grado.

Wojtyła consideraba que el diálogo era fundamental. Cuando se enfrentaba a un problema lo primero que hacía era analizar profundamente la situación y acto seguido pedía consejo a los que le podían ayudar a encontrar una solución. Jamás decía: «No se puede, no saldrá bien», sino más bien: «Veamos qué podemos hacer.» Siempre que presidía una reunión empezaba invitando a exponer la cuestión «a la luz de la fe».

A quienes se dirigían a él en busca de consejo dedicaba, invariablemente, una atención seria y concentrada. Un obispo que debía llevar a cabo un prestigioso encargo le preguntó: «Usted me conoce bien. ¿Qué debo hacer para ejercer eficazmente mi nuevo ministerio?» Wojtyła reflexionó para buscar una respuesta adecuada y a continuación le dijo: «Es la misma pregunta que hice yo en una situación análoga a uno de mis superiores, y éste se limitó a contestarme: "Sé tú mismo." Es lo que te digo ahora a ti.»

Otra respuesta que daba a menudo a los que le preguntaban qué debían elegir era: «¿Has pensado en cuál es tu vocación?» Así lo atestiguó uno de sus antiguos alumnos de la pastoral universitaria de Cracovia: «Cuando unos políticos iniciaron una huelga de hambre me dirigí a Wojtyła, que era nuestro director espiritual, y le pregunté qué debía hacer. La respuesta fue muy sencilla: "¿Te has preguntado cuál es ahora tu vocación? Puede ser la de convertirte en un padre de familia, en un maestro o en un político. ¡Si encuentras una respuesta convincente a esta pregunta sabrás qué hacer!"»

Para sostener la renovación de la vida de la Iglesia visitaba casi todos los domingos las parroquias. En los discursos que pronunciaba en esas ocasiones le gustaba repetir una frase de san Agustín: «*Vobis sum episcopus, vobiscum cristianus*» (Soy obispo por vosotros, con vosotros soy cristiano).

Siguiendo un estilo exquisitamente personal Wojtyła no se limitaba a celebrar la misa y a pronunciar la homilía durante estas visitas, ya que los momentos más relevantes de las mismas los constituían las reuniones con los diferentes grupos de fieles pertenecientes a la parroquia, con los niños, los jóvenes, los estudiantes y los intelectuales. Bendecía a los cónyuges para que se apoyasen recíprocamente en todas las circunstancias de la vida terrena y se ayudasen el uno al otro en el camino de la salvación. Y en caso de que algún enfermo no hubiese podido acudir a la iglesia iba él mismo a su casa, al hospital o al centro de asistencia donde se encontraba, donde también dirigía palabras de aliento a los médicos y al personal auxiliar.

Particularmente tenaz fue el esfuerzo que realizó para la construcción de nuevas iglesias en la diócesis, un objetivo que entraba claramente en conflicto con los intereses del régimen. Emblemático en este ámbito es el caso de Nowa Huta. De acuerdo con los planes del gobierno comunista este nuevo barrio debía erigirse como una ciudad sin Dios. Pero el arzobispo no estaba dispuesto a ceder, de forma que sostuvo sin descanso el proyecto de construir una casa de Dios realizando, incluso, gestos ejemplares, como el de celebrar justo allí, al aire libre y bajo la cúpula del cielo, la misa del gallo. Al final la iglesia se edificó para gran alegría de los fieles. De hecho, más de cincuenta mil personas asistieron conmovidas a su consagración, que tuvo lugar el 15 de mayo de 1977.

En ese asunto no sólo destacó la firmeza de propósitos de Wojtyła sino también su capacidad de juzgar por encima de los prejuicios y de los condicionamientos. Hasta el punto de que el arzobispo confió la tarea de sacerdote-constructor a Józef Gorzelan, que había llevado ya a cabo un encargo parecido en Filipowice. Y lo hizo a pesar de las opiniones contrarias y las objeciones sobre su idoneidad para ocupar este puesto, motivadas por el hecho de que don Gorzelan era miembro de Cáritas, que en Polonia era una organización caritativa estatal que no gozaba de la aprobación del episcopado polaco.

Cuando monseñor Agostino Casaroli —el mayor sostenedor de la *Ostpolitik*, la cauta política de apertura del Vaticano hacia los regímenes del Este europeo— visitó Polonia, las autoridades polacas le comunicaron que habían concedido el permiso de construcción a sesenta iglesias (en realidad se trataba de unas capillas situadas en pueblos pequeños). Wojtyła invitó al huésped de la Santa Sede a Krowodrze, localidad en la que hoy en día se erige la iglesia de Santa Eduvigis reina. Era el mes de noviembre y caía aguanieve. Celebraron juntos la misa en un barracón donde sólo cabían cincuenta personas, mientras que en el exterior había diez veces más. Al regresar a Varsovia, muerto de frío, el arzobispo Casaroli volvió a ver a las autoridades polacas y les expresó su irritación por haber recibido informaciones falsas sobre la necesidad real de construir nuevas iglesias.

Wojtyła estaba siempre en primera línea cuando se trataba de defender la existencia de la Iglesia y de proteger las propiedades indispensables para sostener su misión. En 1962 corrió la voz de que las autoridades estaban pensando en expropiar el edificio del seminario situado en la calle Manifestu Lipcowego para transformarlo en una residencia estudiantil de la Escuela Superior de Pedagogía. Para empezar, el arzobispo pronunció un acto de consagración a la Virgen confiándole el destino del seminario, después ordenó a los seminaristas que volvieran antes de hora del retiro espiritual que estaban realizando. Acto seguido comunicó a las autoridades que, en el momento de la confiscación, lo encontrarían acompañado de los canónigos delante del edificio: del intento de expropiación no se volvió a saber nada.

Absolutamente inédita para la diócesis fue la atención que el arzobispo prestó a las madres solteras. Una elección que desaprobaron varios sacerdotes ancianos, a los que irritaba la ayuda que Wojtyła prestaba a unas personas que ellos consideraban «culpables»: actuando de esa forma, objetaban, ¿no se corría, quizás, el riesgo de justificar un comportamiento erróneo? Wojtyła les replicó tajantemente que lo que intentaba era, ante todo, salvaguardar a unos niños inocentes (estamos hablando de más de mil quinientos).

En 1974 el cardenal se dirigió a la hermana Bernarda Krzeczkowska, la superiora provincial de las monjas de la Sagrada Familia de Nazaret, para proponerle que se hiciera cargo de la gestión de una casa de acogida. La religiosa no ocultó a Wojtyła su perplejidad: «¿Qué sucederá si en las hermanas más jóvenes empieza a despertarse el instinto materno y abandonan la congregación?», le preguntó. El arzobispo la tranquilizó: «Nos arriesgaremos, madre. Pero estoy seguro que esto es una cosa de Dios y que lo que usted teme no llegará a suceder.» De hecho, como verificaron después las hermanas, ninguna de ellas dejó la congregación por esa razón, al contrario, las vocaciones aumentaron a partir de ese momento.

La primera madre soltera llegó a la casa de la calle Warszawska el 4 de noviembre de 1974. La noticia corrió como la pólvora y pronto empezaron a acudir a ella jóvenes, y menos jóvenes, procedentes de todos los rincones de Polonia. Wojtyła había dado instrucciones para que acogiesen a todas las mujeres embarazadas sin excepción y sin importar de qué parte del país procediesen. En 1978 la casa de acogida empezó a resultar pequeña para alojar a tantas madres. Así pues, poco antes de que el cardenal entrase en el Cónclave, la superiora, la hermana Cherubina Zofia Bokota, fue a verlo acompañada de la madre provincial para preguntarle qué debían hacer. Wojtyła les contestó que compraran un nuevo edificio. De esta manera, la casa se trasladó a la calle Przybyszewskiego 39 y el cardenal ofreció una consistente contribución de su propio bolsillo, en tanto que la Curia diocesana pagó el resto del importe.

Siendo ya Papa, la defensa de la vida fue también una de sus prioridades. Uno de los testigos del proceso de beatificación contó que, un día, Juan Pablo II, mientras discutían sobre ese tema, lo miró fijamente y alzó la mano con un poderoso ademán. A continuación proclamó: «Debemos hacer todo lo posible contra el abominable crimen del aborto.» Su interlocutor se quedó paralizado: en ese gesto y en esa mirada había la misma energía que había encendido sus palabras de condena contra la mafia en el Valle dei Templi, la misma determinación con la que se había enfrentado a las protestas de los sandinistas mientras celebraba misa en Nicaragua.

BLANCO DE LOS SERVICIOS POLACOS

Una personalidad tan fuerte y autoritaria como la de Karol Wojtyła no podía, desde luego, pasar inobservada a las autoridades polacas, que ordenaron a los Servicios de seguridad de la policía secreta que no lo perdieran de vista. La Comisión histórica del proceso de beatificación reconstruyó con esmero las fases y las dinámicas en las que se articuló esta forma de control durante varios años, cooperando al respecto con el archivo del Instituto de la memoria nacional polaca de Cracovia y, en particular, con el investigador Marek Lasota, que dedicó a este tema el libro *Donos na Wojtyłę: Karol Wojtyła w Teczkach bezpieki* (Znak, 2006).

La primera señal de interés del régimen comunista hacia Karol Wojtyła se remonta ya a 1946, cuando su nombre apareció en una lista elaborada por la tercera sección de la Oficina regional de Seguridad pública (Wubp) de Cracovia: «Wojtyła Karol, residente en la calle Podzamcze 8, hijo de Karol y de Emilia, nacido el 18 de mayo de 1920, de profesión clérigo, estudiante de teología en Cracovia.» Al lado aparece la firma de Jan Sikora, el funcionario encargado de analizar en profundidad la personalidad del joven seminarista.

Unos años más tarde, a finales de 1949, el agente que firmaba con el seudónimo Zagielowski refirió los resultados de la vigilancia llevada a cabo en la parroquia de San Floriano de Cracovia: «He verificado el aspecto aproximativo del "Círculo de los monaguillos" de don Kurowski —escribe entre otras cosas—, que opera en la parroquia de San Floriano. No he conseguido saber si ha sido registrado. Su responsable es el mismo don Kurowski, al que ahora sustituye un nuevo vicario, don Wojtyła, y antes don Obtulowicz. Las reuniones duran incluso dos horas, en el curso de las cuales se leen informes y se hacen juegos de sociedad.»

Por el momento la atención de los Servicios secretos parece limitada, hasta el punto de que, para la siguiente anotación hay que esperar al 17 de enero de 1956, cuando el responsable de la Oficina de cultos de Cracovia transcribió una conversación «con el doctor don Karol Wojtyła, ya docente en la Universidad Católica de Lublino y en algunos seminarios». Sus conclusiones eran: «En cuanto a su trabajo y a su relación con el movimiento social de los progresistas católicos, dice que no quiere entrometerse en esas cosas porque prefiere mantenerse apartado de ellas. Karol Wojtyła es un ferviente ejecutor de la excomunión papal relativa a los *Temas esenciales* de Piasecki, al igual que de la revista *Dziś i Jutro* (*Hoy y mañana*), que nunca ha leído y que sigue sin leer. Jamás ha jurado lealtad a la República Popular de Polonia.»

Se refería al periódico fundado el 25 de noviembre de 1945 por la asociación Pax, que agrupaba a los denominados católicos progresistas, promotores de la transformación en clave socialista del sistema estatal polaco. La idea del proyecto era de Bolesław Piasecki, quien en el libro programático *Temas esenciales*, publicado en diciembre de 1954, había encuadrado en una óptica católica los cambios que se habían producido en las condiciones sociales. Seis meses más tarde el Santo Oficio introdujo en el Índice tanto el libro como el periódico *Dziś i Jutro*, debido a las falsas informaciones que éstos difundían sobre la situación de la Iglesia católica en Polonia y a la confusión que habían generado entre la doctrina católica y la ideología marxista. No obstante, gracias a la intervención de monseñor Klepacz, que desempeñó la función de presidente de la Conferencia episcopal polaca durante el internamiento del cardenal Wyszyński (entre 1953 y 1956), la Santa Sede no excomulgó a Piasecki y a su asociación.

Cuando Wojtyła fue nombrado obispo auxiliar de

Cracovia (4 de julio de 1958) el interés de las autoridades creció de forma exponencial, tal y como lo demuestra la ingente mole de documentos que hacen referencia a su persona. Por un lado, de dicho material emerge con toda claridad el intento de los Servicios de seguridad de controlar los contactos del obispo con los ambientes culturales de Cracovia contrarios al régimen y, por otro, el esfuerzo realizado para obstaculizar su trabajo. En dichos apuntes se lee: «Desde finales de los años cincuenta, Wojtyła se empeña activamente organizando a los laicos pertenecientes, sobre todo, a las clases cultas, y a los jóvenes. Ha conseguido reunir en torno a él a numerosos expertos y colaboradores. Organiza muchas conferencias, encuentros y congresos, además de reuniones con grupos de la *intelligentsia* y de la juventud. Wojtyła se ha ganado el respeto de los obispos y del clero parroquial, pero, sobre todo, de los activistas católicos.» En particular, Wojtyła apoyaba al Club de los intelectuales católicos (Klub Inteligencji Katolickiej), que, si bien era especialmente poderoso en Cracovia, se extendía a las mayores ciudades polacas y constituía un polo de atracción incluso para numerosos intelectuales laicos.

A principios de los años sesenta los Servicios de seguridad constituyeron una estructura específicamente dedicada a la vigilancia constante del obispo Wojtyła que respondía al nombre en clave «Grupo F». Las instrucciones para los agentes operativos eran precisas: «Hay que seguir sistemáticamente todos los discursos oficiales que da el personaje durante las celebraciones eclesiásticas que tienen lugar tanto en la ciudad de Cracovia como en la diócesis. A continuación es necesario juzgar dichos discursos desde los siguientes puntos de vista: la interpretación que hace el personaje de los cambios que se han producido en nuestro país (políticos, económicos y culturales); la actitud sugerida a los fieles para la catequesis de los jóvenes y de los adultos con el fin de realizar el proyecto Gran Novena, etcétera; si en los discursos se hacen referencias o simples alusiones contra las autoridades populares.»

La atención de las autoridades no se circunscribía a «controlar» la dimensión pública de las actuaciones de Wojtyła sino que se extendía también a averiguar lo que sucedía en su esfera privada. «Es necesario observar de manera sistemática los contactos que entran en el apartamento privado del obispo Wojtyła. Hacerlo después de haber recibido la señal del Departamento T sobre los encuentros programados. Valerse de la Oficina de cultos del Consejo nacional de la ciudad de Cracovia y del Departamento para las políticas del Consejo nacional para la ciudad vieja para presentar una acusación ante el Colegio deliberativo por haber rechazado el registro de su apartamento. Aprovechar las visitas de la Comisión locativa impugnando la falta de cumplimiento de la obligación a pesar de la advertencia escrita.»

Tras la muerte del arzobispo Baziak y la elección de Wojtyła como vicario capitular, los Servicios de seguridad estrecharon el cerco. En esa época el nombramiento de los obispos debía contar con la autorización de las autoridades polacas y, por ello, los representantes eclesiásticos habían sometido informalmente al responsable comunista para las cuestiones religiosas, Zenon Kliszco, varias listas de posibles candidatos. El nombre de Karol Wojtyła aparecía relegado en un rincón, pero Kliszco aseguró que era el preferido del partido: de hecho se pensaba que Wojtyła no sentía el menor interés por las cuestiones políticas, sino que era más bien un erudito, un filósofo.

«Un hombre de diálogo», así definió Kliszco al cardenal Wyszyński, recordando unas negociaciones que había mantenido con el obispo auxiliar en relación con el seminario de Cracovia.

No pensaban lo mismo los funcionarios de la policía secreta polaca, que manifestaron su fuerte contrariedad sobre Wojtyła a los responsables políticos: «Las razones que se oponen a su candidatura: el obispo Wojtyła se empeña sin reservas en las acciones de la Iglesia. Dado que se trata de una persona particularmente dotada para la organización, es el único obispo capaz de consolidar no sólo a los miembros de la Curia y al clero diocesano, sino también de agrupar en torno a él una buena parte de la *intelligentsia* y de los jóvenes católicos, entre los cuales goza de una gran autoridad. A diferencia de muchos administradores diocesanos, sabe relacionarse con los conventos, que abundan en el territorio de la archidiócesis. Pese a su actitud aparentemente propensa al compromiso y a la elasticidad, se trata de un adversario ideológico particularmente peligroso.»

Mientras tanto, también la Santa Sede se había movido y había enviado a Polonia a realizar una inspección reservada a monseñor Franco Costa, amigo personal de Pablo VI y ayudante eclesiástico general de la Acción católica italiana. A su regreso Costa contó que le había impresionado mucho el carácter espiritual y la preparación cultural del joven obispo Karol Wojtyła. Las palabras que dijo más o menos al papa Montini fueron más o menos éstas: «Polonia no sólo dispone del cardenal Wyszyński. Cuenta también con varios obispos más jóvenes, como Wojtyła, cuyo valor se puede equiparar al del primado.»

Wojtyła percibió de alguna forma lo que se estaba

moviendo en torno a él. Lo revela la alusión que hizo al concluir una carta que envió al padre Pio da Pietrelcina el 14 de diciembre de 1963, cuando se encontraba en Roma para asistir al Concilio Vaticano II: «A la vez me permito encomendarle las enormes dificultades pastorales que mi pequeña obra encuentra en la situación actual.»

El resultado es el que ya sabemos, es decir, el nombramiento de Karol Wojtyła como arzobispo de Cracovia. Debido a ello, los Servicios de seguridad se vieron obligados a intensificar sus actividades y Wojtyła empezó a ser controlado incluso durante sus desplazamientos al extranjero. Los analistas del Partido Obrero Unificado Polaco (Pzpr) trazaron este sintético balance de sus esfuerzos romanos: «Gracias a la viva participación en la preparación de los documentos conciliares, al contenido de los discursos que presentaba durante las sesiones del Concilio Vaticano II y a los trabajos en las comisiones conciliares logró que lo apreciasen también en el Vaticano. Ello determinó, sin lugar a dudas, que en junio de 1967 el Papa lo nombrase cardenal.»

Pablo VI le entregó el título cardenalicio el 28 de junio de 1967. A partir de ese momento el material de archivo aumenta cada año, lo que denota la conciencia de las autoridades de que Wojtyła se había convertido en el exponente de relieve de la Iglesia católica en Polonia y que, al mismo tiempo, era el adversario más peligroso del régimen comunista polaco.

En los documentos figuran juicios muy articulados sobre su personalidad y sus acciones que transpiran a la vez la admiración que sentía su autor: «Es unánimemente definido como una persona dotada, diligente y ambiciosa. Está considerado uno de los obispos más inteligentes, racional y seguro en sus juicios. No es una carga para los demás su dignidad eclesiástica y sus amplios conocimientos. No ha demostrado en ningún momento que pretenda imitar a alguien. Cuando actúa privilegia siempre su valoración personal de las circunstancias. En sus relaciones con el clero, el cardenal se muestra en todo momento como un administrador diocesano enérgico y lleno de inventiva, a la vez que dócil y abierto.»

UNA HOMILÍA ENCENDIDA

El arzobispo no rechazaba las ocasiones de diálogo que le ofrecían las autoridades estatales. Al contrario, las aprovechaba para hacer gala de la fuerza moral de la que se sentía poseedor. Esta nota del responsable de la Oficina de cultos ilustra perfectamente este hecho: «Es el primer contacto personal de Wojtyła con las autoridades regionales. Jamás lo he visto "en movimiento". Por eso puedo decir algo al respecto comparándolo con los demás. Wojtyła intenta diferenciarse de los que conocemos [Jerzy Karol Ablewicz, arzobispo de Tarnów; Jan Jaroszewic, obispo de Kielce], manteniendo cierta espontaneidad en su manera de ser y en su comportamiento. Eso significa que, desde el principio de la conversación, ha tratado de acomodarse bien en el sillón apoyando la barbilla en el índice; pretendía que sus movimientos fuesen tranquilos, completamente naturales. Quizá quería acentuar de esta forma su seguridad, que nos diésemos cuenta de que se trata de un hombre importante. Al mismo tiempo era muy directo. Sonreía en todo momento de manera benévola. Y, además, expresaba con total libertad sus pensamientos. No se apresuraba a contestar, y sus respuestas eran claras y lógicas.»

La fuerza de los argumentos con los que desplegaba su forma de pensar ponía en serias dificultades a los responsables comunistas cuando éstos debían responderle sobre cuestiones relativas a la diócesis. No pudo por menos que reconocerlo también el jefe de la delegación de la Oficina de cultos, Kąkol, con ocasión de la reunión que mantuvo en Polonia con el nuncio vaticano Luigi Poggi a mediados de los años setenta. Durante la causa de beatificación un testigo ocular refirió que «en uno de los momentos de pausa del encuentro, Kąkol dijo —a propósito de Wojtyła— que cuando escribía a las autoridades éstas sudaban para responderle con los argumentos adecuados».

Lúcidas e irrebatibles, las palabras que el arzobispo dirigía a sus interlocutores institucionales se cargaban en ocasiones de una energía inusual y arrolladora. Esto fue lo que sucedió, por ejemplo, durante una peregrinación a Kalwaria Zebrzydowsa a principios de los años setenta. En esa ocasión Wojtyła pronunció su homilía más encendida contra los gobernantes comunistas, a los que criticó con extrema dureza. Durante el viaje de regreso a Cracovia le preguntaron: «¿Qué le ha ocurrido, padre cardenal? Es la primera ver que lo hemos visto tan encolerizado.» Wojtyła respondió: «Mientras celebraba la misa sentí que entraba en mí una fuerza, un imperativo al que no pude negarme.» Se trataba de una fuerza que, a partir de ese momento, animó todos sus discursos y homilías, lo que ocasionó a las autoridades polacas no pocos momentos de preocupación.

El régimen sabía de sobra con quién se las tenía que ver. En uno de los numerosos informes que redactaron sobre él los funcionarios comunistas a mediados de los años setenta se puede leer: «El análisis de la actuación de la Iglesia católica romana en Polonia permite declarar que, desde hace unos años, la Iglesia de Cracovia desempeña un papel preponderante, hasta el punto de que el centro dispositivo de esta ciudad asume de forma creciente el peso de dirigir la vida y la actividad de la Iglesia en Polonia. Sin pretender atribuir en absoluto malignidad a la persona del arzobispo metropolitano de Cracovia, hay que reconocer, sin embargo, que, objetivamente, su sabiduría y la autoridad de la que goza se deben, entre otras cosas, a su magnífica capacidad para utilizar el potencial científico que la Iglesia de Cracovia tiene a su disposición, ya sea a través de las organizaciones católicas, ya sea gracias a la ayuda de personalidades de relieve pertenecientes al ambiente académico ciudadano.»

Cuando Wojtyła fue elegido Papa en 1978, la documentación referente a su persona que los Servicios de seguridad enviaron al Ministerio del Interior de Varsovia llenaba dieciocho cajas. Enfrentados a un acontecimiento tan inesperado, varios analistas de la Oficina política lo interpretaron con un optimismo algo superficial: desde la colina vaticana, argumentaban, se disfruta de una vista mucho más amplia que desde la colina de Wawel, en Cracovia. La esperanza era que el cardenal Wojtyła, una vez convertido en Papa, abrazase con la mirada al resto del mundo y ello le permitiese constatar los graves límites del capitalismo y la miseria de los países subdesarrollados, y le hiciese cambiar de opinión sobre los valores del comunismo. Una esperanza que se reveló vana.

Los servicios polacos siguieron impertérritos su acción de vigilancia durante los años ochenta, intensificando el control con ocasión de las visitas que el Pontífice realizó a Polonia en 1979, 1983 y 1987. Dos años más tarde, todos esos papeles fueron barridos por el viento de la Historia.

LAS CAMPANAS DE PABLO VI

Cuando en junio de 1967 llegó procedente del Vaticano la carta que le comunicaba su nombramiento como cardenal a propuesta de Pablo VI, Wojtyła estaba realizando una visita pastoral. El canciller se lo comunicó y el arzobispo regresó a la Curia, abrió el sobre, leyó la carta, la dejó sobre el escritorio y permaneció mucho tiempo inclinado sobre ella sin pronunciar palabra. Al final el canciller le preguntó si la misiva confirmaba el rumor de que lo iban a nombrar cardenal y él le respondió: «Sí, pero se puede rechazar.» El canciller replicó que era imposible oponerse a una decisión del Santo Padre. Todos le felicitaron entonces, y él les pidió que rezasen. Cuando regresó de Roma, su único comentario fue: «Llevo sobre mis hombros el don de la archidiócesis.»

La relación que unía a Wojtyła con Pablo VI era antigua y se fundaba en unos sentimientos de recíproca estima y profundo afecto. Ya durante la primera sesión del Concilio el arzobispo auxiliar había tenido ocasión de agradecer al entonces cardenal Giovanni Battista Montini el generoso regalo que la archidiócesis de Milán había hecho a la colegiata de San Floriano de Cracovia: tres campanas nuevas y bendecidas con los elocuentes nombres de *Virgen Maria*, *Ambrogio-Carlo-Borromeo* y *Floriano*. Las había solicitado don Tadeusz Kurowski, prepósito de la colegiata de San Floriano, pero Wojtyła era perfectamente consciente de que Montini intentaba expresar con ese gesto la benevolencia que sentía hacia él, uno de los obispos más jóvenes del mundo.

Varios años más tarde, en 1968, Wojtyła fue uno de los pocos obispos que apoyaron firmemente a Pablo VI cuando éste planteó la reflexión sobre los temas del matrimonio y de la procreación, hasta el punto de que instituyó en Cracovia una comisión de profundización que suministró al Papa numerosas ideas contra las tesis de los que pretendían suavizar la posición de la Iglesia contra los contraceptivos. Y cuando, en julio de 1968, Pablo VI promulgó la *Humanae vitae*, en la que confirmaba la ilegalidad de los métodos anticonceptivos artificiales, Wojtyła preparó un memorándum sobre las consecuencias doctrinales y pastorales de la encíclica que *L'Osservatore Romano* publicó el 5 de enero de 1969.

A principios de febrero de 1976, Wojtyła recibió una llamada telefónica del futuro cardenal Wladysław Rubin en la que éste le comunicaba que el Papa deseaba que guiase los ejercicios espirituales cuaresmales en el Vaticano. Dado que sólo le dejaron veinte días para preparar los textos, el cardenal se trasladó al convento de las ursulinas grises de Jaszczurówka: escribía hasta mediodía las meditaciones (que después se publicaron con el título de *Señal de contradicción*), por la tarde esquiaba y por la noche escribía de nuevo.

Según contó el mismo Wojtyła en el libro *¡Levantaos! ¡Vamos!*, «esa experiencia fue para mí particularmente importante, dado que me ayudó a constatar hasta qué punto debe estar listo el obispo para hablar de su fe, dondequiera que el Señor le ordene hacerlo. Todos los obispos necesitan esa prontitud, incluido el mismo sucesor de Pedro, al igual que en ese momento Pablo VI necesitó mi disponibilidad». El 1 de noviembre de 1993 Juan Pablo II escribió a Marek Skwarnicki: «El cristianismo es controvertido, incluidos Jesús y su Evangelio. Yo mismo siento una especial predilección por ser una "señal de contradicción", pese a que no sea por mérito mío sino debido a la gracia.»

Un responsable de la Curia romana que estuvo presente en dichos ejercicios atestiguó que «Wojtyła tuvo el valor de "polemizar" con el Papa. Se percibe en especial en la conferencia sobre Getsemaní, en la cual manifestó la soledad de Pablo VI. El cardenal "polemizó" de la siguiente manera: describió la posibilidad que habían desperdiciado los apóstoles en el huerto de los olivos de responder a la oración de Jesús e invitó al papa Montini a tratar de recuperar esa ocasión perdida. No sabía que, dos años más tarde, él mismo iba a tener que enfrentarse a ese desafío».

Cuando el papa Pablo VI murió, el 6 de agosto de 1978, el cardenal Wojtyła trazó a varios amigos un cuadro profético de las necesidades de la Iglesia: «Creo que la Iglesia necesita, al igual que el mundo, un Papa muy espiritual. Ésta deberá ser su primera e indispensable característica para que pueda ser padre de una comunidad religiosa. Asia, África y América Latina están sufriendo nuevas situaciones problemáticas y buscarán un sucesor de Pablo VI que pueda ayudarles y, por encima de todo, comprender sus dificultades.»

EL PROFÉTICO «HABEMUS PAPAM»

El Cónclave se abrió el 25 de agosto de 1978. En el curso de la última misa que se celebró antes de entrar en la Capilla Sixtina, el cardenal recitó la siguiente oración: «Te rogamos, Padre omnipotente, que el elegido sea un hombre consciente de su incapacidad de soportar el peso de la responsabilidad que comporta la función de ser vicario de tu Hijo, que tú le infundas el valor de decir con san Pedro: "Alejaos de mí, oh Señor, porque soy indigno." Pero, en caso de que asuma dicha responsabilidad, concédele toda la fe, la esperanza y el amor que necesitará para llevar la cruz que tú le impones.»

La decisión de los cardenales de elegir al véneto Albino Luciani, que adoptó el nombre de Juan Pablo I, fue plenamente compartida por él: «Creo que es el hombre ideal, debido a su piedad y a su humildad, susceptible a la acción del Espíritu Santo. La Iglesia actual necesita a este Papa.» Pero apenas un mes más tarde, en la noche entre el 28 y el 29 de septiembre, el papa Luciani falleció también.

Después de su muerte, Wojtyła lo recordaba así: «Sus palabras llegaron a lo más hondo del corazón de la gente que abarrotaba la plaza de San Pedro. Desde su primera aparición en la galería central de la basílica vaticana se estableció entre él y los presentes una corriente de simpatía espontánea. Su cara risueña, su mirada confiada y abierta conquistaron el corazón de los romanos y de los fieles de todo el mundo. Su palabra y su persona habían entrado en el ánimo de todos. Con su muerte repentina se apagó la sonrisa de un Pastor cercano a la gente, que sabía dialogar con la cultura y el mundo de manera serena y equilibrada.»

Józef Mucha, el chófer del arzobispado de Cracovia, fue quien le comunicó la noticia de la muerte de Juan Pablo I. El cardenal estaba sentado a la mesa, desayunando, y al oír las palabras que el hombre pronunció a través de la abertura que había entre la cocina y el comedor, experimentó una intensa emoción y dejó caer sobre el plato la cuchara que tenía en la mano. Poco después, una terrible jaqueca lo obligó a cancelar el viaje que tenía programado para ese día. Fue a la capilla a rezar y dijo pensativo a los miembros de la secretaría: «¿Qué quiere indicarnos el Señor con esto?»

Antes de subir al avión para ir a Roma, el 3 de octubre de 1978 el cardenal Wojtyła visitó una parroquia de la archidiócesis de Cracovia, la de San José, que estaba situada en Złote Łany, un barrio residencial de Bielsko-Biała. A su regreso celebró la misa en sufragio del difunto Papa, y a continuación se trasladó a Varsovia para participar en los trabajos de la Conferencia episcopal polaca. Después de ello viajó al Vaticano «sin saber que iba a tener que quedarme allí», tal y como comentaría luego. Como si tuviese un presentimiento, al chófer que lo había acompañado al aeropuerto y que le deseó que volviese pronto y bien, le respondió asimismo: «Ya veremos.»

El 14 de octubre Wojtyła volvió a entrar en el Cónclave. Dos días después, a las 17.15 del 16 de octubre de 1978, era elegido el 263.º sucesor de san Pedro, el primer Papa no italiano desde la muerte del holandés Adriano VI en 1523. Algunas horas antes el cardenal Wyszyński le había recordado a su compañero Léon-Étienne Duval, arzobispo de Argel, que era el día de santa Eduvigis. En realidad le estaba sugiriendo que votase al cardenal de Cracovia, al que describió con las siguientes palabras: «Es un místico, un poeta, un pastor, un filósofo, un santo... pero es un terrible administrador», refiriéndose a las dificultades que, en su opinión, Wojtyła tenía, no tanto para la gestión de los bienes materiales como para la organización del gobierno curial.

A buen seguro en el momento de la elección, Wojtyła no pudo por menos que recordar la profecía que había pronunciado el arzobispo de Cracovia, Eugeniusz Baziak, el día en que le había comunicado que lo habían nombrado su auxiliar. Baziak había cogido del brazo a don Karol y lo había conducido a la sala de espera, en la que había sentados varios sacerdotes. A continuación había declarado en voz alta: «*Habemus Papam.*»

Inmediatamente después de la elección otro de sus antiguos maestros, el rector del Colegio belga Maximilien de Furstenberg, que también había llegado a ser cardenal, dirigió a Juan Pablo II este significativo mensaje de aliento: «*Magister adest et vocat te*» (El Maestro [Jesús] está aquí y te llama). El Pontífice le respondió: «Obedeciendo en la fe a Cristo, mi Señor, confiando en la Madre de Cristo y de la Iglesia, a pesar de las grandes dificultades, acepto.» Unas palabras que sellarían todo su ministerio papal.

2

El Papa

LA SEGUNDA CASA DE LOS POLACOS

El 16 de octubre de 1978, por primera y única vez en la historia de la República Popular Polaca, el telediario de la noche no empezó con su habitual puntualidad. Cuando, por fin, el locutor apareció en la pantalla con el rostro contraído en una expresión de tenso embarazo, todos comprendieron que había ocurrido algo extraordinario que había pillado completamente por sorpresa a las autoridades polacas. Intentando, con palabras torpes, minimizar el alcance histórico del acontecimiento, el presentador anunció al pueblo polaco la elección de Karol Wojtyła como nuevo Pontífice. El blanco y negro de la televisión, que muchos vinculan a ese recuerdo, pareció teñirse repentinamente de esperanza. La gente, todavía incrédula, abría las puertas de las casas y tocaba el timbre de los vecinos: «¿Habéis oído lo que ha ocurrido?» En la calle los transeúntes corrían y se abrazaban exultantes, en un intercambio alegre de felicitaciones al que acompañaba el tañido unánime de las campanas.

«Había pensado ir al cine después de cenar con mi novia y varios amigos, pero esa noticia nos hizo cambiar de idea y acudimos exultantes a la parroquia a abrazarnos y a festejarlo», contó un testigo del proceso de beatificación. Todos rodeaban con el corazón a su compatriota, que había sido votado por los cardenales de todo el mundo como el más adecuado para guiar a la Iglesia hacia el tercer milenio cristiano.

En los años sucesivos el Vaticano se convirtió de manera ideal en la segunda casa de muchos polacos, un espacio acogedor donde poder compartir momentos vinculados a sus tradiciones y a su tierra. Sobre todo durante la Navidad. Los estudiantes del Colegio polaco, los antiguos amigos de Cracovia y los compatriotas empleados en la Curia romana tenían por costumbre celebrar con el Pontífice la ceremonia del *Opłatek*, en la que se intercambiaban buenos deseos mientras partían una hostia especial no consagrada. «Stanisław fijaba la cita con la consabida llamada telefónica: "Esta tarde el Papa quiere que vayáis todos a casa para cantar villancicos"», recuerda uno de los participantes más asiduos en esos encuentros. «Nos reuníamos en la biblioteca privada, en un clima muy familiar. Juan Pablo II se sentaba y nosotros lo hacíamos alrededor de él. Después empezábamos a cantar a coro y él, con su bellísima voz, dominaba a todos. Había una canción de cuna que le complacía especialmente y para la cual le gustaba inventar nuevas estrofas, adaptándolas a la situación del momento y a las personas presentes.»

Los invitados sabían que ese encuentro no era simplemente un regalo que Juan Pablo II reservaba a sus seres más queridos: dado que, desde muy joven, se había visto privado de cualquier vínculo familiar, le encantaba

sentir el calor de una familia alrededor, una familia integrada por personas con las que establecía unas relaciones
profundas y duraderas. De alguna forma, también se
puede explicar así la cantidad de confidencias que el
Papa hizo en los discursos que pronunció durante su
pontificado y que permitieron trazar una auténtica «biografía del corazón», que la Librería editora vaticana publicó en 2008 en el texto *Os cuento mi vida*.

UN POLACO EN EL TRONO DE PEDRO

No es en modo alguno fácil sintetizar un pontificado
como el de Juan Pablo II, el tercero de la historia por su
duración, de casi veintisiete años. Probaré a hacerlo con
la descripción que hizo de él uno de sus amigos más íntimos: «Los momentos más importantes se pueden divi-
dir en cuatro fases. La primera es la del pontificado en-
tusiasta, la del Papa que recorre nuevos caminos, que
conoce la realidad del mundo, que sale del Vaticano y
mantiene contactos con toda la Iglesia. La segunda fase
está integrada por el atentado contra su vida, las enfermedades, el sufrimiento, las estancias en el hospital, su
vía crucis. La tercera fase es la de su ser crucificado, inmovilizado y postrado en una silla de ruedas. La cuarta
fase fue su muerte, que tuvo una dimensión pascual, y
que forma parte integrante de toda su vida.»
    Lo que salta a la vista es que el pontificado de Juan
Pablo II supuso una ruptura con el pasado. Una discon-
tinuidad que se manifestó desde el principio, cuando el
Papa puso en discusión la tradición de los escudos pontificios y decidió conservar el que tenía cuando era arzobispo, con la gran cruz sobre un fondo azul y la M aba-

jo, a la derecha, simbolizando a la Virgen a los pies de Jesucristo crucificado. Los expertos de heráldica se quedaron espantados, pero aun así no hubo nada que hacer. El Pontífice ni siquiera quería la representación de la tiara encima del escudo: como máximo aceptó incorporar la mitra. No obstante, la insistencia de la oficina, que envió numerosas notas referentes a los motivos históricos y de oportunidad, consiguieron hacer mella en la determinación de Wojtyła, que acabó aceptando la tiara.

Igualmente asombrosa fue la decisión de ir, al día siguiente de su elección, a visitar a monseñor Andrzej Maria Deskur al policlínico Gemelli, donde estaba hospitalizado. Que el Papa, comportándose como un común mortal, fuese a ver a un amigo (cosa que ya había hecho el 14 de octubre, antes de entrar en el Cónclave) en su primera salida oficial del Vaticano era un acontecimiento que rompía de manera tajante con la tradición y el ceremonial, una separación neta que despertó muchas perplejidades. No obstante, los que lo conocían bien interpretaron esta decisión como un sincero gesto de agradecimiento hacia un hombre al que después Karol Wojtyła consideró siempre uno de los «cirenaicos» de su pontificado.

Wojtyła y Deskur se habían conocido en Cracovia en 1945, cuando ambos ocupaban un puesto directivo en la asociación de estudiantes católicos Bratnia Pomoc. La amistad se estrechó en el seminario, pese a la diferencia de cuatro años de edad, y siguió siendo muy fuerte cuando, después de la ordenación sacerdotal, Deskur fue destinado a la Secretaría de Estado vaticana para ocuparse de las comunicaciones sociales y, más tarde, se convirtió en el presidente de la Comisión pontificia en 1973, y en obispo en 1974.

Así pues, Deskur era un punto de referencia fundamental para Wojtyła en el curso de sus viajes a Roma. Cada vez que visitaba el Vaticano se quedaba a dormir en su casa, se confiaba con él y discutía los proyectos que iban madurando en su mente. Durante las sesiones del Concilio Vaticano II, Deskur fue también el confesor de Wojtyła, que en 1980 lo nombró arzobispo, en 1984 presidente emérito del Consejo pontificio de las comunicaciones sociales y, al año siguiente, cardenal.

Tres días antes de la elección al pontificado, el 13 de octubre, Deskur se quedó paralizado mientras se encontraba en casa y fue trasladado al hospital con pocas esperanzas de sobrevivir. «La visita a un amigo en Monte Mario no sólo obedeció a un impulso del corazón», explicó Juan Pablo II en el discurso que pronunció el 21 de diciembre de 1990. «En ese momento quise, y lo confirmo ahora, dar una señal precisa acerca de la manera en la que concebía y concibo el formidable ministerio del sucesor de Pedro. En esa circunstancia dije a los enfermos que contaba mucho, muchísimo, con ellos: sus oraciones y, sobre todo, la ofrenda de sus sufrimientos podían darme la fuerza especial que necesitaba para cumplir con mayor dignidad mis graves deberes en el seno de la Iglesia de Cristo.»

«Mi sufrimiento sostiene este fructífero pontificado. ¡María lo ha querido así y yo soy su siervo!», escribió el 11 de diciembre de 2003 en el *Osservatore Romano* Deskur, que ya se había recuperado del ataque, si bien a consecuencia del mismo se veía obligado a desplazarse en silla de ruedas.

La existencia en la vida de los hombres de fe de una particular correspondencia entre el sufrimiento y la ayuda espiritual que éste permitía brindar a otras personas era una convicción muy arraigada en Karol Wojtyła, y el hecho de que su elección al pontificado hubiese coincidido con la grave enfermedad de uno de sus amigos más íntimos no hacía sino confirmarla.

En una nota inédita escrita durante los días inmediatamente posteriores a su elección se puede leer: «No logro dejar de vincular el hecho de que el 16 de octubre yo fuese elegido sucesor [de Juan Pablo I] con lo que había sucedido tres días antes. El sacrificio de Andrzej, mi hermano en el episcopado, me parece una suerte de preparación a este hecho. A través de su sufrimiento todo se inscribió en el misterio de la cruz y de la redención operadas por Cristo. Encuentro cierta analogía en un hecho que sucedió hace once años, cuando, en el curso de mi estancia en Roma para asistir al consistorio durante el que me invitaron a formar parte del Colegio cardenalicio, mi amigo don Marian Jaworski perdió la mano en un accidente ferroviario que se produjo en los alrededores de Nidzica.» El escrito concluía con la admisión: «*Debitor factus sum*» (Me he convertido en deudor).

En 1967, de hecho, Wojtyła había pedido a don Marian Jaworski que lo sustituyese como predicador en un ciclo de ejercicios espirituales. Durante el viaje, sin embargo, el tren tuvo un accidente y el sacerdote sufrió la amputación traumática de una mano.

También Jaworski era un antiguo amigo de Wojtyła, pese a ser seis años menor que éste: se habían conocido en 1951, cuando realizaban el doctorado en Cracovia. En 1959 Wojtyła fue nombrado obispo y se marchó a vivir a su residencia. En 1963, cuando el auxiliar se convirtió en arzobispo de Cracovia, se mudó también al Palacio arzobispal, que se encontraba en la calle Franciszkańska. Los unían, sobre todo, los intereses comunes filosóficos y teológicos, además de sus respectivas ocupaciones en la Facultad de Teología de Cracovia, donde Jaworski enseñó y fue incluso decano. En 1984 Juan Pablo II lo nombró obispo y en 1991 lo promovió a metropolitano de Lviv dei Latini, en Ucrania. Su nombramiento como cardenal fue reservado *in pectore* en el Consistorio de 1998 y se hizo público en 2001, hecho que le permitió participar en el Cónclave que eligió a Benedicto XVI el 19 de abril de 2005.

Pese a ser diecinueve años más joven, había un tercer polaco cuyo nombre aparece íntimamente ligado a Juan Pablo II. Se trata, como no podía ser menos, del actual arzobispo de Cracovia, el cardenal Stanisław Dziwisz, quien, en 1957, durante su primer año en el seminario, había conocido a Wojtyła como docente de filosofía y, a continuación, de teología moral y de doctrina social de la Iglesia. En 1966 el arzobispo le pidió que fuese su secretario privado. En condición de tal Dziwisz lo siguió a Roma para participar en el Cónclave y permaneció a su lado durante todo el pontificado. En 1988 Juan Pablo II quiso nombrarlo obispo: a la objeción de que era demasiado joven, Wojtyła se limitó a replicarle que a la misma edad él ya era Papa.

En el póquer ideal de los más íntimos ocupa también un lugar de relevancia una mujer, la doctora Wanda Półtawska. Enferma de cáncer, Wojtyła solicitó y obtuvo la intercesión del padre Pío da Pietrelcina. La mujer, partisana católica en Cracovia, había sido capturada por los nazis e internada en el campo de concentración de Ravensbrück, donde fue sometida a unos experimentos médicos inhumanos. Tras sobrevivir al campo, empezó a estudiar psiquiatría y conoció a Karol cuando éste era asistente de los jóvenes universitarios. Entre los dos nació una historia de dirección espiritual y de intensa amistad que permaneció intacta durante los años del pontificado, en los que la mujer y sus familiares solían ser invitados a Castel Gandolfo en el periodo estival.

Una carta escrita el 20 de octubre de 1978, apenas cuatro días después de su elección, muestra con toda claridad hasta qué punto era importante esa amistad para Juan Pablo II: «El Señor ha decidido que se hiciese realidad todo aquello de lo que hemos hablado varias veces y que tú predijiste, de alguna forma, tras el fallecimiento de Pablo VI. Agradezco a Dios que, en esta ocasión, me haya dado tanta paz interior, una paz que, a todas luces, me faltaba todavía en agosto, y que me ha permitido vivir este momento sin tensión. [...] En estos momentos pienso en ti. Siempre he considerado que en el campo de concentración de Ravensbrück también sufriste por mí. [...] En esta convicción se fundamenta la idea de que vosotros sois mi familia y tú una hermana.» Al final del documento no aparece la firma del Papa sino el afectuoso apelativo con que Wanda lo llamaba: «Hermano.»

LA ELECCIÓN DE LOS COLABORADORES

Muchos se han preguntado qué criterios seguía Juan Pablo II para elegir a los responsables de las varias oficinas de la Santa Sede y nombrar a los obispos de las miles de diócesis católicas que hay en el mundo. La impresión de quienes lo conocieron bien es que, sobre todo al principio del pontificado, Wojtyła tendía a buscar personalidades relevantes para encajarlas después como piezas de su proyecto pastoral.

Si la elección como sustituto en la archidiócesis de Cracovia de Franciszek Macharski, que encarnaba la continuidad debido a que su ministerio duraba ya veinte años, fue natural, más singulares fueron, en cambio, los nombramientos del entonces arzobispo de Múnich, Joseph Ratzinger, para dirigir la Congregación para la Doctrina de la Fe, y del jesuita Carlo Maria Martini, que por aquel entonces era rector de la Pontificia Universidad Gregoriana, para la cátedra de Milán: ambos eran unas figuras prestigiosas que fueron elegidas personalmente por el Pontífice sin consultar ni pedir sugerencias a nadie.

Wojtyła consideraba al cardenal Ratzinger una de las personalidades más autorizadas de la Iglesia y un pastor dotado de grandes virtudes. Lo eligió en 1981 para tener a su lado a un teólogo capaz de ayudarlo a concretizar las enseñanzas del Vaticano II. «Es el último teólogo del Concilio», lo definió en pocas palabras a un amigo. La suya fue una colaboración sólida y fructífera, y el mismo Wojtyła reconocía que el perfil teológico de su pontificado había sido esencialmente forjado con la participación del cardenal Ratzinger.

Más crispada fue, sin embargo, su relación con el cardenal Martini. Wojtyła lo conocía desde los tiempos de Cracovia, cuando lo invitó a Polonia para dar una serie de conferencias sobre las Sagradas Escrituras. Lo albergó en el Palacio arzobispal, donde iban a celebrarse esos encuentros, y mantuvo varias conversaciones con él. Pese a ello, Martini se sorprendió al recibir, poco antes de la Navidad de 1979, la invitación para una entrevista en el Vaticano. Cuando Juan Pablo II le propuso el puesto de arzobispo de Milán, el jesuita le expresó sus dificultades explicando que, dado que había dedicado su vida a la docencia, no tenía facilidad en el trato con la gente. Wojtyła le replicó: «No será usted el que se dirija a la gente, sino la gente la que acudirá a usted.»

El Papa había sido informado de que Martini tomaba parte en las actividades pastorales de la Comunidad de San Egidio sirviendo a los pobres y celebrando misa en los barrios romanos. De esta forma, para oponerse a la objeción del jesuita sobre su experiencia pastoral, le bastó preguntarle: «¿Y qué hacía los domingos con la Comunidad de San Egidio?» La impresión de algunos observadores es que, a partir de ese momento, las relaciones entre ambos se tensaron, como puede suceder entre dos profesores universitarios que no comparten el análisis de una situación y la estrategia más adecuada a adoptar. No obstante, siguieron respetándose el uno al otro.

Juan Pablo II también eligió personalmente a Camillo Ruini. Por aquel entonces Ruini era obispo auxiliar de Reggio Emilia y el Papa había oído hablar muy bien de él. A principios de 1985 lo invitó a cenar al Vaticano y dialogó con él sobre la situación eclesiástica en Italia. Al ver que sus puntos de vista coincidían, Wojtyła le pidió que preparase un borrador del discurso que debía pronunciar durante el segundo Convenio de la Iglesia italiana en Loreto (abril de 1985). Con toda probabilidad, esta extraordinaria coincidencia de opiniones fue lo que causó que, en junio de 1986, Ruini fuese nombrado secretario general de la Conferencia episcopal italiana y promovido a presidente cinco años más tarde. Al valorar su actuación, Juan Pablo II, que al principio de su pontificado no se había sentido muy próximo a los obispos italianos, afirmó que el cardenal Ruini «había acercado y vuelto a unir al episcopado italiano con el Pontífice».

Con el pasar del tiempo el papa Wojtyła fue confiando cada vez más en las sugerencias de la Secretaría de Estado y de la Congregación para los obispos. Prueba de ello es que, también en el caso italiano, se estableció que correspondía al nuncio, y no a la anterior comisión especial, analizar a los posibles candidatos para las diócesis vacantes, como solía suceder en otros países. Así pues, a Juan Pablo II se le proponían tres nombres, según el grado de apreciación de la Congregación, y él solía privilegiar al primero de la lista. Pese a ello, no dudaba cuando percibía eventuales presiones a favor de un candidato y, en esos casos, optaba por una persona ajena a la lista.

A pesar del cuidado que prestaba a la cuestión, podía suceder que al Pontífice le decepcionase el resultado de un nombramiento. En una circunstancia en la que, con toda probabilidad, se había fiado excesivamente de un colaborador, respondió así a quien le hizo objeciones sobre el candidato elegido: «Temo que ya es demasiado tarde.» Luego añadió en voz baja mientras se dirigía a la capilla para rezar: «Si me han mentido han perdido ya. Jesucristo es el que guía a la Iglesia, y no yo.» Y a un viejo amigo —que, al oírlo hablar con cierta indiferencia de la Curia como de una realidad que se veía obligado a soportar, le dijo: «Pero usted es el Papa, elija usted»— Wojtyła le replicó sin rodeos: «Aun así no es fácil encontrar a las personas adecuadas.»

UNA FIRMEZA BASADA EN LA HUMILDAD

Desde los primeros meses de su pontificado, Juan Pablo II manifestó su intención de actualizar la Iglesia de acuerdo con las orientaciones del Vaticano II. En este sentido involucró a numerosos expertos en un largo trabajo de reflexión y de profundización cuyo resultado fueron dos *Códigos de Derecho Canónico,* uno para Occidente y otro para Oriente (respectivamente publicados el 25 de enero de 1983 y el 18 de octubre de 1990), el nuevo *Catecismo de la Iglesia católica* (promulgado el 9 de diciembre de 1992) y la reordenación de la Curia romana (con la Constitución apostólica *Pastor Bonus* del 28 de junio de 1988).

El papa Wojtyła sabía de sobra cuáles eran las funciones institucionales de la Curia romana que, a partir de los antiguos dicasterios instituidos por Sixto V a finales del siglo XVI, había ido modificando gradualmente su estructura para responder adecuadamente a las exigencias de los tiempos. Reconocía además el papel fundamental que habían desempeñado las Congregaciones en calidad de órganos «de gobierno». No obstante, consideraba que la Secretaría de Estado y las restantes oficinas vaticanas debían afrontar de manera eficaz los problemas pastorales de la modernidad. Por ese motivo, delineando el aparato organizativo que pretendía aplicar, pidió a los redactores del proyecto que valorizasen el instituto de los Consejos Pontificios convirtiéndolos en unos órganos de «diálogo y contacto» a fin de mejorar las relaciones con el mundo y con las demás religiones. Era evidente que en este cuadro no podía por menos que considerar prioritario al Consejo Pontificio de la Cultura, dado que ésta debía ser «el horizonte de trabajo de todos los dicasterios, al igual que lo es en la vida de los hombres y de los pueblos».

En la fase inicial de su pontificado los prefectos de las congregaciones se reunían con Juan Pablo II en unas «audiencias periódicas», durante las cuales éstos exponían los problemas sobre los que deseaban escuchar su opinión y sus decisiones. No obstante, con el pasar del tiempo, sólo se celebraron audiencias con los prefectos de las Congregaciones para la Doctrina de la Fe, para los Obispos y para la Evangelización de los Pueblos hecho que, según afirmaron muchos testigos, repercutió en la armonía de las relaciones con varios dicasterios.

Es evidente que, en más de una ocasión, Juan Pablo II se vio obligado a ejercitar la virtud de la paciencia, pero la conciencia del papel que desempeñaba no le permitía ceder cuando se producían tensiones en el círculo de sus colaboradores más estrechos.

De dicha firmeza había dado ya prueba cuando era arzobispo de Cracovia, como lo demuestra, entre otras cosas, un significativo episodio que George Weigel refirió en su biografía *Testigo de esperanza:* «Un miembro subalterno del personal del arzobispo, don Tadeusz Pieronek, insistiendo en que Wojtyła debía adoptar una determinada posición, le dijo: "Ha de hacerlo, eminencia." "No puedo", respondió el cardenal. Don Pieronek empezó a ponerse nervioso y remachó: "Puede." "No puedo", insistió el cardenal. El sacerdote, muy irritado, repitió por tercera vez: "Puede." En ese momento el cardenal se quitó la cruz del pecho y se la tendió diciendo: "Muy bien, gobierna tú…" Don Pieronek se quedó sin saber qué decir y la discusión concluyó de ese modo.»

Una vez en el Vaticano, Wojtyła era capaz de descargar un puño sobre la mesa y reaccionar con firmeza si ése era el único modo de seguir adelante. De esta forma, en una ocasión en que un colaborador de la Curia romana se empeñó en aferrarse a su opinión sin intención alguna de ceder, Juan Pablo II dio por zanjada la discusión diciendo: «Creo que yo también poseo el Espíritu Santo.» Y otra vez en que no lograba que una persona a la que estimaba mucho aceptase una decisión, dio por terminado el debate con la siguiente frase: «Ahora sólo me queda rezar.»

El Papa oraba a diario, no sólo por los obispos a quienes había consagrado y los sacerdotes a los que había ordenado, sino también por toda la Curia romana. Tenía junto al reclinatorio una fotocopia del *Anuario Vaticano* con la lista de sus empleados y había ordenado a su *entourage* que llevase también esas páginas a Castel Gandolfo. Pedía por todos ellos al acabar la misa.

La preocupación por sus colaboradores incluía, como no podía ser menos, a los de menor nivel. Así lo demuestra la anécdota que un guardia suizo, que estaba de servicio a las puertas del apartamento pontificio una noche de Navidad, contó a un sacerdote en relación con las numerosas personas que habían acudido a ver al Papa para felicitarle: «El único que me felicitó fue Su Santidad, que abrió personalmente la puerta y me deseó una feliz Navidad.»

Esta gran humildad en las relaciones humanas se extendía también al ámbito oficial. En el Vaticano, por ejemplo, existe la costumbre de finalizar un escrito con la sigla «*smj*», es decir, «*salvo meliore judicio*» (exceptuando un juicio mejor) cuando la opinión del responsable de una cuestión es juzgada posteriormente en un nivel superior. Pues bien, Juan Pablo II estimaba tanto la capacidad de los demás que respetaba también este uso y anotaba de su puño y letra la sigla «*smj*» al final de todos los documentos que leía y sobre los cuales deseaba recibir otras opiniones después de haber expresado su autorizado parecer.

«Será la sangre la que convierta»

El martes 12 de mayo de 1981 Juan Pablo II visitó el centro médico del Vaticano. Tras ver las diferentes estancias y reunirse con el personal médico, el doctor Renato Buzzonetti, director de la estructura y médico personal del Pontífice, lo acompañó hasta la salida. Indicándole una nueva ambulancia que estaba aparcada al lado de ellos, el doctor Buzzonetti le pidió que la bendijese. Mientras la rociaba con el agua santa Juan Pablo II dijo: «Bendigo también al primer paciente que usará esta ambulancia.» Veinticuatro horas más tarde fue precisamente él la primera persona que viajó a bordo de dicho vehículo.

«Si la palabra no ha convertido será la sangre la que convierta», había escrito poco antes de ser elegido Pontífice el cardenal Wojtyła en el poema *Stanisław*, dedicado al santo mártir de Cracovia. El atentado de que fue víctima el 13 de mayo de 1981 a manos de Ali Agca confirió a esos versos una evidente consistencia autobiográfica y modificó, de forma radical, la percepción que el Papa tenía de su misión. De hecho, ese momento marcó el inicio de su calvario, iluminado por la conciencia de haber recibido de nuevo el don de la vida para poder ofrecerlo a beneficio de toda la humanidad. «Para un hombre y, sobre todo para un sacerdote, no hay nada más hermoso y grande que el que Dios se sirva de él», respondió un día a un colaborador que le preguntó por el sentido de ese dramático suceso. Wojtyła consideraba la herida una «gracia», porque el sufrimiento que ésta le infligía le permitía dar testimonio de Cristo y evangelizar.

En 1991, décimo aniversario del atentado, Juan Pablo II viajó a Fátima para expresar su agradecimiento a la Virgen. En el momento del saludo, justo antes de que iniciase la misa —según contó un testigo del proceso de beatificación—, uno de los cardenales presentes se volvió hacia él y exclamó: «Santo Padre, ¡feliz cumpleaños!» El Papa siguió avanzando tras escuchar esas palabras, pero después retrocedió y contestó: «Tiene usted razón, la primera vida me la dieron; la segunda me la regalaron hace diez años.» Un regalo que le hizo adoptar la costumbre de celebrar, todos los 13 de mayo por la tarde, a la hora del atentado, una santa misa de agradecimiento en su capilla privada.

Desde el primer momento el Pontífice manifestó la íntima convicción de que la Virgen de Fátima lo había protegido y había intercedido por su vida. Así pues, apenas recuperó las fuerzas pidió a la sección polaca de la Secretaría de Estado que le procurasen todos los libros dedicados a la aparición de María a los tres pastorcillos para poder entender mejor los detalles de ese suceso. Un amigo que tuvo la posibilidad de visitarlo en la habitación del policlínico Gemelli la noche del 14 de mayo le dijo: «La Virgen sostendrá a Su Santidad en el sufrimiento.» El Papa respondió, convencido: «Ella ya me ha protegido. *Totus tuus.*»

En los días precedentes al atentado el Pontífice había empezado a redactar un texto para la celebración que iba a tener lugar en la basílica de Santa Maria Maggiore por Pentecostés, el 7 de junio de 1981, que conmemoraba los 1.600 años del primer Concilio de Constantinopla y de los 1.550 años del Concilio de Éfeso. Posteriormente indicó a sus colaboradores que dividiesen el discurso en tres actos: de veneración, de agradecimiento y de entrega a la Virgen. En particular le interesaba este último, ya que su intención era poner a la humanidad en manos de

María (luego lo renovó en varias ocasiones, incluso delante de la estatua original de la Virgen que ordenó llevar ex profeso desde Fátima a la plaza de San Pedro).

Juan Pablo II era consciente de que corría el riesgo de que cometiesen un acto criminal contra su persona: «Nada era más fácil que disparar al Papa, que se mostraba a la gente indefenso», comentó él mismo después de sufrir la agresión. No obstante, esta conciencia jamás le llevó a evitar el contacto con las multitudes o a intentar protegerse de manera especial. De hecho, mientras seguía en un telediario un reportaje sobre su atentado, se dirigió al huésped que cenaba con él y le comentó con toda tranquilidad: «Pretenden que me ponga el chaleco antibalas para estar siempre seguro... Pero el pastor debe estar en todo momento con sus ovejas incluso si ello supone un riesgo para su vida.»

Poco antes del atentado, los Servicios secretos italianos habían comunicado que las Brigadas Rojas habían proyectado secuestrar a Juan Pablo II. Quizá fuese ése el motivo de que después de resultar herido, el Papa dijese a su secretario don Stanisław: «Como en el caso de Bachelet», refiriéndose al vicepresidente católico del Consejo superior de la magistratura al que los brigadistas habían asesinado en Roma el 12 de febrero de 1980.

Ni que decir tiene que el Santo Padre también se preguntó por las posibles razones de lo acaecido, pero por encima de todo le interesaba la visión espiritual del drama que había vivido. Ello explica por qué prefirió siempre confiar a la Secretaría de Estado la tarea de establecer la conducta a seguir por la Santa Sede en el proceso contra Ali Agca, así como el pronunciamiento sobre la pertinencia de concederle la gracia.

En cualquier caso, confesó a sus íntimos que había

hablado de la denominada «pista búlgara» con el secretario comunista ruso Mijaíl Gorbachov y con el general polaco Wojciech Jaruzelski. El primero le dijo que en los archivos de la Unión Soviética no había encontrado nada que apoyase dicha hipótesis; mientras que el segundo le contó que en su momento había pedido aclaraciones a Todor Zivkov, jefe del Partido Comunista búlgaro, quien le había respondido: «¿Nos toma por imbéciles, compañero? Si Antonov hubiese estado detrás del atentado lo habríamos expulsado al día siguiente. En cambio, sigue trabajando allí.»

LA «CARTA ABIERTA» A ALI AGCA

El 27 de diciembre de 1983 Juan Pablo II mantuvo una larga e intensa conversación con el autor del atentado contra su vida en la prisión romana de Rebibbia. Al finalizar el Pontífice declaró: «Hoy he tenido ocasión de reunirme con la persona que me agredió y de repetirle que lo perdono, como hice enseguida, apenas me resultó posible. Nos hemos encontrado como hombres y como hermanos, y todos los acontecimientos de nuestras respectivas vidas conducen a esta hermandad.»

El Papa perdonó a Ali Agca desde un principio, y así se lo comunicó al mundo en el *Regina Coeli* que pronunció el 17 de mayo de 1981 desde el policlínico Gemelli: «Ruego por el hermano que me ha atacado, a quien he perdonado sinceramente.» Una actitud que, tal y como corroboraron varios testimonios, adquirió de inmediato un valor emblemático y estremeció muchas conciencias. Una de las primeras fue la del general Jaruzelski, quien, tras haber resultado gravemente herido en un atentado en 1994, decidió que no tenía intención de perseguir a los responsables, ya que el ejemplo del Pontífice lo había impresionado profundamente.

Inédita es, en cambio, la «carta abierta» que el 11 de septiembre de 1981 el Santo Padre había empezado a preparar para la audiencia general que iba a tener lugar el 21 de octubre siguiente. Después prefirió no hacerla pública, probablemente por motivos de prudencia relacionados con la investigación que se estaba llevando a cabo. Los dos folios del manuscrito, que se encontraron tachados con una gran equis, dicen textualmente:

1. También hoy deseo pronunciar durante la audiencia algunas palabras sobre el encuentro al que asistí en relación con el 13 de mayo. Ese día se enfrentaron dos hombres: uno que pretendía acabar con la vida del otro, y ese otro, al que se trataba de privar de la vida. La Providencia divina, sin embargo, impidió que esa vida se truncase. Y por ese motivo ese otro hombre puede dirigirse al primero, puede hablarle y ello, teniendo en consideración la naturaleza de lo acaecido, parece particularmente significativo y pertinente. Es importante que ni siquiera un episodio como el que ocurrió el 13 de mayo logre abrir un abismo entre dos hombres, genere un silencio que significa la ruptura de cualquier posible comunicación. Cristo —la palabra encarnada— nos enseñó esta verdad que permite en todo momento el contacto entre las personas, pese a la distancia que pueden generar ciertos sucesos que, en ocasiones, acaban enfrentándolas. Pues bien, lo que hoy quiero deciros a los que habéis acudido a esta audiencia, va dirigido también

a este hermano mío que el 13 de mayo quiso quitarme la vida y que, si bien no lo logró, ha sido la causa de las numerosas heridas que he tenido que curar durante varios meses. Así pues, mis palabras de hoy serán, en cierto sentido, como una «carta abierta» (quizás en parte similar a la que en su día escribió Pablo VI tras el secuestro de Aldo Moro, aunque a la vez muy diferente).

2. La primera palabra de esta «carta» —mejor dicho, de este «discurso» abierto— fue ya pronunciada públicamente el 17 de mayo durante el Ángelus [en realidad se trataba del *Regina Coeli*]. Permitidme que cite ese texto (que cite todo o, cuando menos, la parte que se refiere al perdón... quizá sea mejor repetirlo todo, ¡para recordar también a dos personas que resultaron heridas!). El domingo 17 de mayo estas palabras fueron pronunciadas públicamente. Pero la posibilidad de haber podido pronunciarlas antes, en la ambulancia que me transportaba del Vaticano al policlínico Gemelli, donde me realizaron la primera y decisiva operación, la considero fruto de una particular gracia que Jesús, mi Señor y Maestro, me concedió. ¡Sí! Creo que fue una gracia particular de Jesús crucificado que, entre las diferentes palabras que pronunció en el Gólgota, dijo antes de nada ese «Padre, perdónalos porque no saben lo que hacen». El acto de perdonar es la primera y fundamental condición para que nosotros, los hombres, no nos dividamos y nos enfrentemos unos a otros como enemigos. Porque buscamos en Dios, que es nuestro Padre, el entendimiento y la unión. Es impor-

tante y sustancial cuando se trata del comportamiento de un hombre hacia otro, pero también...

El texto que finalmente se dio a conocer en el curso de la audiencia general del 1 de octubre estuvo, en cualquier caso, dedicado al tema del perdón, definido como «una gracia y un misterio del corazón humano». Tras recordar ese *Regina Coeli* del 17 de mayo y citar los fragmentos evangélicos en los que Cristo habla del perdón, el papa Wojtyła prosiguió: «En esa época, entonces, cuando el hombre que atentó contra mi vida fue procesado y recibió la sentencia, pensé en la historia de Caín y Abel, que expresa bíblicamente el "inicio" del pecado contra la vida del hombre. En la actualidad, en un momento en el que ese pecado contra la vida humana es de nuevo una amenaza, que reviste además una nueva forma, y mientras tantos hombres inocentes perecen a manos de otros hombres, la descripción bíblica de lo que sucedió entre Caín y Abel resulta en especial elocuente. Aún más completa, aún más turbadora que el mismo mandamiento que obliga a "no matar".»

Y concluyó: «Cristo nos ha enseñado a perdonar. El perdón es indispensable para que Dios pueda plantear a la conciencia humana unos interrogantes para los cuales espera una respuesta que obedezca realmente a una verdad interior. En este periodo, en el que muchos hombres inocentes mueren a manos de otros hombres, parece imponerse una necesidad especial de acercarse a los que matan, de acercarse a ellos perdonándolos de todo corazón y con la misma pregunta que Dios, Creador y Señor de la vida humana, hizo al primer hombre que atentó contra la vida de su hermano y le privó de ella, que le arrebató lo que es de propiedad exclusiva del Creador y del Señor de la vida. Cristo nos enseñó a perdonar. Enseñó a Pedro a perdonar "hasta setenta veces siete" (Mateo 18:22). Dios mismo perdona cuando el hombre contesta a la pregunta que dirige a su corazón con toda la verdad interior de la conversión. Dejando a Dios el juicio y la sentencia en su dimensión definitiva, no cesamos de pedir: "Perdónanos nuestras ofensas como también nosotros perdonamos a los que nos ofenden."»

«ABRID LOS CONFINES DE LOS ESTADOS»

Para las autoridades polacas 1981 fue un *annus horribilis*, ya que el atentado que tuvo lugar el 13 de mayo contra el Pontífice y la muerte del primado Stefan Wyszyński, que ocurrió el 28 de mayo, coincidieron con una fase de aguda tensión en el ámbito político-social interno que influyó de manera inevitable en las relaciones que el régimen de Varsovia mantenía con la Unión Soviética.

La agitación promovida por Solidarność, el sindicato obrero que se había creado en agosto del año precedente con el objetivo de protestar contra la crisis económica en Polonia y reivindicar más derechos para los trabajadores, había preocupado sobremanera a los dirigentes soviéticos, que intimaron a las autoridades polacas a que pusiesen fin a las huelgas amenazándoles con la intervención directa del Ejército Rojo en caso de que no fueran capaces de hacerlo por sí solas.

Entre la primavera y el verano de 1981 se sucedieron las reuniones, cada vez más tensas, entre los dirigentes del Partido Comunista polaco, que debían decidir las acciones a emprender. Jaruzelski, que había asumido la doble carga de jefe de Estado y de secretario del partido durante el estado de emergencia, tenía muy claro que cualquier estrategia tendría entre sus jueces más severos a Juan Pablo II, quien, desde su primera visita a Polonia en junio de 1979, había dado a entender que jamás abandonaría a su tierra en manos del destino.

Un reconocido político polaco recordó cuánto le impresionó oír a Juan Pablo II afirmar durante ese viaje que quizá la elección de un Papa eslavo era la señal de que Oriente y Occidente podían entenderse. Cuando volvió a encontrarse con él más tarde, en los años noventa, le comentó: «Santo Padre, esas palabras sonaban a profecía.» Y el Papa respondió: «Su recuerdo es justo. El primado Wyszyński lo aseguró antes y a continuación añadió: "¡Lolek, con prudencia, con prudencia!"» Él, sin embargo, estaba convencido de que había que arriesgarse a dar un paso adelante, por muy aventurado que fuese.

En otoño las autoridades polacas comprendieron que el enfrentamiento directo con Juan Pablo II era inevitable. Así pues, el 13 de octubre de 1981 el ministro de Asuntos Exteriores polaco, Józef Czyrek, visitó el Palacio apostólico con el encargo de ilustrar la gravedad de la situación y las posibles vías de salida. El Papa todavía sufría mucho a causa del atentado. Pese a ello escuchó con atención al enviado polaco y dispuso que el nuevo primado, Józef Glemp, y el líder obrero Lech Wałęsa se reuniesen con el general Jaruzelski. La reunión se celebró el 4 de noviembre y al día siguiente el arzobispo Glemp acudió al apartamento del Papa para referirle el resultado de la conversación, que parecía abrir las puertas a alguna esperanza.

En el curso de las semanas siguientes las presiones soviéticas para que se encontrase una rápida solución a la crisis, que amenazaba con extenderse a otros países del bloque oriental, precipitaron la situación. La noche del 13 de diciembre se proclamó en Polonia el estado de sitio. Varios días más tarde llegó a Varsovia el nuncio vaticano Luigi Poggi con una carta del Santo Padre cuyo contenido era más bien duro.

Tras una rápida negociación con los responsables del Partido, Kazimierz Barcikowski y Jerzy Kuberski, el tono se mitigó un poco. No obstante, cuando Juan Pablo II la leyó oficialmente no dejó de manifestar el gran dolor que sentía por la imposición de la ley marcial a la vez que hacía un llamamiento para que se revocase lo antes posible y se encontrase rápidamente una vía de diálogo. También el tono de la respuesta del general, remitida el 6 de enero de 1982, era lo más conciliador posible, y en ella se aclaraban los motivos que lo habían empujado a tomar una decisión similar.

El Pontífice siempre mantuvo con Jaruzelski un diálogo de carácter personal. Fue precisamente en el curso de la conversación que tuvo lugar en Wawel en junio de 1983, cuando el general anunció con antelación a Juan Pablo II su intención de abolir de forma definitiva el estado de sitio y de iniciar un proceso de reformas. El Papa respondió de manera sintética: «Entiendo que el socialismo es una realidad, pero hay que hacer todo lo posible para que tenga un rostro humano. Las libertades civiles, la identidad de la sociedad y los derechos del hombre son importantes.» Jaruzelski consideró esta afirmación como un aliciente para llevar a Polonia, paso a paso, hacia una forma política diferente. «No me hizo ni reproches ni advertencias —recordó el general—, simplemente analizó los problemas del momento y me indicó cuál era, en su opinión, la vía más adecuada que debía seguir el país.»

Ésta solía ser la forma en que Wojtyła enfocaba la confrontación, tal y como lo confirma, entre otras cosas, el testimonio de una persona que, mientras razonaba con él sobre una serie de acontecimientos históricos, le hizo notar que la Providencia en ocasiones se sirve de los peores sucesos para obtener el bien. El Pontífice le contestó de la siguiente manera: «Puede que tengas razón. Ahora bien, considera que no basta con tenerla, el problema es convencer a las personas para que acepten esa verdad.»

Gracias a ello en Polonia se produjo una transición gradual hacia la democracia, la cual había comenzado, en cierta medida, en el momento en que se dio a conocer la noticia de la elección de Karol Wojtyła al pontificado. Su discurso programático, con el famoso llamamiento: «¡No tengáis miedo! ¡Abrid de par en par las puertas a Cristo! Abrid los confines de los estados, los sistemas económicos y los políticos, los vastos campos de la cultura, de la civilización y del desarrollo a su poder salvador», provocó las primeras grietas en el dique comunista.

Con anterioridad, y según cuenta un joven sacerdote polaco, «éramos conscientes de la anormalidad de la situación social en que vivíamos: las elecciones eran una farsa y la política una gran mentira. Aun así, parecía un mundo destinado a durar eternamente. Nadie podía imaginarse que, un día, dejaría de existir el socialismo real en Polonia y que íbamos a poder rechazar los *diktat* de Moscú. Ese 16 de octubre de 1978, sin embargo, tuvimos la impresión de que nuestro mundo podía tomar una dirección distinta, ya que había dejado de estar condenado a seguir el mecanismo que nos estaba abocando a la desesperación y al sinsentido».

El comunismo masificaba, pero, paradójicamente, tenía miedo de las masas. Quería que la masa permaneciese estúpida y que no tomase conciencia de la fuerza que poseía. Por esta razón, durante la ley marcial, era obligatoria la autorización de la policía incluso para organizar recepciones en casa para celebrar un cumpleaños o un santo cuando se superaba cierto número de invitados. Poco a poco, sin embargo, las personas empezaron a mirar alrededor y a dejar de tener miedo, ya que se dieron cuenta de que muchas de ellas compartían los mismos valores. Y, sin lugar a dudas, el mérito de esto corresponde también al papa Wojtyła.

EL DERRUMBAMIENTO DEL COMUNISMO

Si el colapso del comunismo se produjo a partir de 1989 sin el terrible derramamiento de sangre que habría podido acompañarlo fue asimismo gracias a la actividad que desplegó Juan Pablo II, a sus firmes y apenados llamamientos públicos, y a la diplomacia subterránea que él alentaba. Tal y como testimonió un cualificado exponente político: «Cada uno aportó su contribución —el estadounidense Ronald Reagan, la británica Margaret Thatcher y el francés François Mitterrand—, pero para reunirlos a todos era necesaria la intervención del Santo Padre. Él jamás hizo ninguna exhortación, ninguna propuesta o maquinación. Otorgaba la palabra, y eso era suficiente.» Incluso el presidente ruso Mijaíl Gorbachov lo reconoció abiertamente cuando afirmó: «Yo no he sido el que ha acabado con el comunismo, sino Juan Pablo II.»

El Papa y Gorbachov hablaron personalmente por primera vez el 1 de diciembre de 1989 en el Vaticano, y su encuentro se selló con un prolongado apretón de manos. El presidente ruso había recibido varias sugerencias, incluso de Jaruzelski, a quien, cuando volvieron a verse, le dijo: «Tenías razón. El Papa es un gran hombre. Es dueño de una gran sabiduría y de una gran bondad. Debemos hacer todo lo posible para mejorar las relaciones entre la Unión Soviética y el Vaticano.»

En 1992 Gorbachov hizo llegar al Vaticano dos páginas de testimonios escritos en cirílico tituladas *Sobre el Papa de Roma*, en las que confirmaba su convicción de que la figura del Pontífice había sido decisiva a la hora de dar ese gran viraje a la Historia. El comentario de Juan Pablo II fue: «He leído la opinión de Gorbachov sobre el papel desempeñado por el Papa en los acontecimientos que han transformado la Europa oriental en estos últimos años. Estoy seguro de que él piensa, de verdad, lo que afirma, de que es sincero. Cuando el Sínodo europeo de obispos pretendió subrayar el papel específico jugado por el Papa les pedí que no lo hiciesen. La que ha contado en este proceso ha sido la Iglesia, y no el Papa. Si algo se puede atribuir al Papa es fruto de su fidelidad: fidelidad a Cristo y al hombre.»

Según el papa Wojtyła había que mirar el mundo con los ojos de la fe. Cuando el comunismo todavía seguía en pie discutía largo y tendido con varios amigos intelectuales sobre el rumbo que podían tomar los acontecimientos. Su conclusión era muy sencilla: si el comunismo se derrumbaba al día siguiente, la tarea de la Iglesia sería la de evangelizar; si, en cambio, el comunismo se derrumbaba al cabo de mil años, la tarea de la Iglesia seguiría siendo la de evangelizar. «Nada sucede por casualidad, todo procede de lo alto», decía a menudo valiéndose de las palabras de un proverbio alemán, para indicar que la Providencia divina guía la vida humana hasta en el menor detalle y que la actitud de los hombres debe ser de confianza y de aceptación, y no de rechazo o de rebelión interior.

Al respecto hay una anécdota que se remonta al periodo en que se realizaban los preparativos del viaje a Polonia que tuvo lugar en junio de 1997. En las elecciones de noviembre de 1995 Wałęsa había sido derrotado por Kwaśniewski, el líder de la Alianza de la Izquierda Democrática, y Juan Pablo II se preguntaba, un poco preocupado, cómo lo recibiría la gente. Una noche, mientras discutían en el curso de una cena, un sacerdote le dijo con cierta ingenuidad: «Santo Padre, quizás hay que interpretar estas cosas a la luz de la Providencia.» El Papa lo miró con afecto y le guiñó un ojo en tanto que le respondía: «¡Algo sé sobre la Providencia divina!»

El papa Wojtyła era perfectamente consciente de que la Providencia interviene allí donde el hombre deja espacio a Dios, allí donde se muestra dispuesto a corresponder con sus acciones a los dones recibidos. No se proponía —y no se sentía— como un protagonista, sino como un mero instrumento en manos de Dios. Cuando le decían que, gracias a sus ruegos, alguna persona había obtenido lo que había pedido, comentaba humildemente: «Gracias a Dios por su fe.» Del mismo modo, cuando le agradecían su contribución a la desaparición del muro de Berlín replicaba: «Fue obra de la Providencia divina. La Virgen es la autora de todo», ya que estaba convencido de la veracidad de la profecía de la Virgen de Fátima sobre la conversión de Rusia y sobre el hundimiento del comunismo. A los que le preguntaban si era fácil vivir la Historia en primera persona les contestaba: «Cuando Dios quiere, es fácil. Esto simplifica mi vida: el hecho de saber que es la voluntad de Dios. Es Él el que dispone las cosas.»

Es indudable que Juan Pablo II influyó de manera determinante en la Historia del siglo XX, pero lo hizo sobre todo confirmando el carácter central de la persona humana y defendiendo su valor. Este llamamiento a la dignidad de todos los hombres brindó un valioso elemento de cohesión que permitió, por ejemplo, «la revolución de terciopelo» de la República Checa y la afirmación en Polonia del movimiento Solidarność, integrado por creyentes y no creyentes. Porque todos encontraban en la Iglesia el espacio de la libertad.

EL HEREDERO DE SAN PABLO

A mediados de los años noventa se hizo popular un chiste en el Vaticano: «¿Cuál es la diferencia entre Dios y Juan Pablo II? Pues que Dios está en todas partes, mientras que el Papa ha estado ya.» Wojtyła sabía que la decisión de dedicar tanta energía a los viajes pastorales, tanto en Italia como en el extranjero, se enfrentaba a cierta desaprobación, un rechazo al que ya intentó reaccionar en junio de 1980 afirmando públicamente: «Muchos dicen que el Papa viaja demasiado y con excesiva frecuencia. Pienso que, humanamente hablando, estas personas tienen razón. Pero es la Providencia la que nos guía y la que, en ocasiones, nos sugiere que hagamos algo *per excessum.*»

En efecto, con el papa Wojtyła las estadísticas entraron por la puerta grande en las acolchadas estancias del Vaticano. El Pontífice realizó 146 viajes por Italia y 104 al extranjero, en una secuencia que cubrió 259 localidades italianas y 131 estados independientes. Los días que pasó fuera del Vaticano, sin contar las estancias en la residencia veraniega de Castel Gandolfo y los 164 días en que estuvo ingresado en el hospital, alcanzaron la respetable cifra de 822, lo que equivale a un 8,5 por ciento de todo el pontificado.

Juan Pablo II no sólo se consideraba el sucesor de san Pedro, sino también el heredero de san Pablo «que, como todos saben, jamás estaba quieto: viajaba sin cesar». En este hecho se advierte, además, un rasgo de continuidad respecto al pontificado de Pablo VI, que había iniciado una significativa, aunque breve, secuencia de viajes apostólicos de acuerdo con los conceptos de apertura y de descentralización de la Iglesia que había auspiciado el Vaticano II. En este sentido, Juan Pablo II afirmaba: «Voy como maestro de la fe, pero también como discípulo, para aprender cómo viven las Iglesias locales.»

Es evidente que estos viajes exigían una movilización de recursos a menudo ingentes, circunstancia que suscitó numerosas objeciones y críticas. A Juan Pablo II le produjeron una profunda amargura. Durante la visita pastoral que efectuó a Australia, por ejemplo, varios periódicos locales lo atacaron argumentando que su viaje había costado más que el que había realizado anteriormente la reina de Inglaterra. El Papa, dirigiéndose a un miembro del *entourage*, replicó con extrema firmeza: «Creo que los viajes del Papa han de costar más que los de la reina de Inglaterra: el Papa es portador del mensaje de la redención y la redención costó un precio inconmensurable, me refiero a la sangre de Cristo.»

Por otra parte, estos viajes permitieron que millones de personas, que jamás se habrían podido permitir visitar el Vaticano, vieran al Pontífice en persona y escuchasen sus palabras: «Si el mundo no viene a Roma, Roma saldrá al encuentro del mundo», declaró llanamente el Papa a los obispos peruanos.

A menudo la visita del Pontífice servía para sacar a la luz las emergencias humanitarias de los países en dificultades, o para dar voz a las poblaciones discriminadas. El Papa solía además entregarles las donaciones que había recibido poco antes de emprender su viaje. Pero, por encima de todo, era consciente de que su tarea consistía en llevar a todas partes la esperanza del Evangelio. En una zona muy pobre de los alrededores de Lima, Perú, se quedó mirando a la gente que abarrotaba la explanada después de la homilía e, improvisando, expresó en español una idea que manaba de lo más profundo de su corazón: «Hambre de Dios, sí; hambre de pan, no.» Y en otra ocasión, mientras rezaba el Padrenuestro, corroboró: «Deseo que existan hambrientos de Dios, y no del pan cotidiano.»

Todos los desplazamientos se preparaban con gran meticulosidad. Juan Pablo II pedía a los nuncios que reuniesen a la correspondiente Conferencia episcopal nacional para saber cuáles eran los deseos de los obispos y de su clero, establecía contactos directos con los pastores de los lugares que tenía previsto visitar para que le facilitasen cualquier información útil, leía todo cuando estaba disponible y recibía una gran cantidad de detalles a través de las conversaciones que mantenía con los expertos.

Durante las semanas previas a la partida celebraba la misa en el idioma que tendría que utilizar en el país de destino, por lo general con la participación de sacerdotes y monjas originarios del mismo. De esa forma rendía homenaje a la cultura de todos los pueblos y sacralizaba su idioma a través de la celebración de la liturgia. Tenía en su escritorio diccionarios y manuales específicos, y se valía de los empleados vaticanos nativos para perfeccionar la pronunciación.

Antes de viajar a México, por ejemplo, dedicó una hora por la mañana, durante varias semanas, a mejorar su español. Cuando preparó el viaje a Papúa-Nueva Guinea, recurrió a dos misioneros del Verbo Divino para que le enseñaran el *pidgin* que necesitaba para pronunciar varias frases de saludo a la población nativa. Antes de ir a Japón estudió con un franciscano japonés la pronunciación del idioma y se hizo transcribir los discursos de acuerdo con la fonética japonesa, si bien en el alfabeto latino. También cuando visitó Guam escuchó durante horas grabaciones de saludos en chamarro, el idioma indígena local.

Estudiaba durante mucho tiempo con sus colaboradores romanos el proyecto del programa. Por lo general, la mole de visitas que proponían las Iglesias locales exigía que el viaje se prolongase durante uno o dos días, y en la mayor parte de los casos el Papa accedía de buen grado. En cualquier caso, nunca dejaba de reunirse con los sacerdotes, religiosos y religiosas, seminaristas y novicios de las congregaciones tanto masculinas como femeninas y, sobre todo, con los jóvenes y los enfermos.

Juan Pablo II daba prioridad a estos últimos, y no sólo porque él mismo había padecido la enfermedad. Durante su primer viaje, el que realizó en 1979 a México, visitó una iglesia llena de enfermos e inválidos. Uno de sus acompañantes testimonió al respecto: «El Papa se detuvo ante cada uno de los enfermos y tuve la clara impresión de que los veneraba a todos: se inclinaba hacia ellos, intentaba comprender lo que le decían y después les acariciaba la cabeza.» Los responsables de la ceremonia no tardaron en darse cuenta de que, cuando el Papa celebraba las misas con ocasión de sus misiones pastorales, no debían colocar más de treinta enfermos delante del altar. En caso contrario, y dado que Juan Pablo II los saludaba personalmente a todos, saltaban las citas que tenía a continuación.

En una circunstancia en la que no se tuvo en cuenta esta indicación, los organizadores colocaron un primer grupo de enfermos delante de las barreras de contención y, después, otro grupo integrado por más de trescientas personas que, en su mayor parte, iban en carrito. El Pontífice llamó al coordinador y le ordenó que le abriese paso entre ellos a fin de poder saludarlos a todos: ese día el programa se demoró una hora. Otra vez, mientras visitaba la sección de un hospital, quiso pararse delante de cada enfermo. El prefecto de la Casa pontificia, monseñor Dino Monduzzi, lo invitó a acelerar el ritmo, pero Wojtyła hizo caso omiso de sus palabras e incluso lo regañó: «Nunca hay que tener prisa con los que sufren, monseñor.»

EN LAS «ZONAS CALIENTES» DEL MUNDO

Desde sus primeros días como Papa, Juan Pablo II dejó muy claro a sus colaboradores cuál iba a ser el estilo de su pontificado. Un estilo que manifestó abiertamente cuando aceptó la invitación del episcopado latinoamericano para participar en la Conferencia de Puebla, que iba a tener lugar en enero de 1979 en México. La Curia romana no era favorable al viaje y advirtió al Pontífice sobre los riesgos a los que se iba a exponer en un país en el que no se podía manifestar públicamente la fe religiosa. Tras escuchar las diferentes opiniones, Wojtyła rechazó cualquier tipo de objeción: «No tengo una Secretaría de Estado para saber cuáles son los problemas, sino para resolverlos.» Al final, la visita pastoral se realizó y fue un gran éxito.

Más controvertido fue el viaje que efectuó en 1987 a Chile, un país que se encontraba desde 1973 bajo la dictadura de Augusto Pinochet. Juan Pablo II puso como condición *sine qua non* la posibilidad de reunirse con todos, incluidos los grupos políticos de oposición al régimen. No obstante, se produjo un suceso que ensombreció la visita. Me refiero al momento en que el Papa y Pinochet se mostraron juntos en el Palacio presidencial de Santiago saludando a la multitud que los aplaudía. Los testigos presenciales aseguraron que dicha aparición no estaba prevista en el programa y que se trató de una «bromita» organizada por el dictador, quien, al pasar junto a Wojtyła por un pasillo desde el que se podía ver a la gente que había en el exterior, invitó inesperadamente al Papa a asomarse y bendecir a los fieles. El Papa no se hizo atrás, pero en la conversación privada que mantuvo después con el dictador no dudó en decirle lo que consideró oportuno.

La Historia ha demostrado hasta qué punto dicha conversación influyó en los acontecimientos posteriores. Poco tiempo después, el Papa le contó a un amigo: «He recibido una carta de Pinochet en la que me dice que escuchó como católico mis palabras, que las aceptó y que ha decidido iniciar el proceso para cambiar el gobierno del país.» De hecho, las elecciones prometidas para 1988 acabaron por celebrarse; Pinochet tuvo que asumir su derrota y en 1990 renunció a su cargo presidencial. Wojtyła comentaba este episodio diciendo que había que reunirse con todos, sin excluir a nadie, pero que era necesario hacerlo con la sencillez y la fuerza que transmite el Evangelio.

El viaje a Nicaragua, en marzo de 1983, fue, probablemente, el más arriesgado. En esa época ocupaba el poder el movimiento comunista de los sandinistas y una parte del clero, que seguía la doctrina de la Teología de la Liberación, se había puesto de lado de los revolucionarios y a favor de una Iglesia popular que se contraponía a la Iglesia jerárquica. Cuando le pusieron al corriente de estas dificultades, Juan Pablo II fue tajante: «Tenemos que ir, aun cuando no obtengamos un gran éxito. Esa Iglesia vive un momento muy crítico y debe ser reforzada. Después, esperemos que vengan tiempos mejores y que el Papa sea realmente bienvenido, pero ahora, en cualquier caso, tengo que ir.»

Los responsables de la seguridad vaticana efectuaron una inspección y aseguraron que existía una grave amenaza para la vida del Santo Padre y de las personas de su séquito. Así pues, decidieron que todos debían llevar, bajo la vestidura talar, un chaleco antibalas. Cuando Juan Pablo II fue informado de esta disposición se limitó a decir: «Si alguien del séquito quiere llevar chaleco antibalas es preferible que no me acompañe a esta visita. Estamos en manos de Dios y Él nos protegerá.» Por otra parte, y haciendo gala de la fina ironía que lo caracterizaba, el Papa respondió de esta forma al cardenal francés Albert Decourtray, que le había recordado el infausto pronóstico de Nostradamus en relación con el viaje que había realizado a Lyon en 1986: «¡Le aseguro, eminencia, que no hay lugar más peligroso que la plaza de San Pedro!»

Lo cierto es que a muchos de sus interlocutores les impresionaba que el humor jamás lo abandonase. En una ocasión, tras adoptar una decisión difícil, comentó: «Estamos en manos de Dios... por suerte, porque si fuese en las nuestras ya estaríamos perdidos.» Durante un intercambio de regalos, mientras le ofrecía a una autoridad política un cuadro con una vista de la plaza de San Pedro, explicó: «La plaza de San Pedro es... ¿cómo le diría yo? ¡Es mi puesto de trabajo!» Y al periodista que le preguntó si se sentía en forma para emprender el viaje a Cuba que efectuó en 1998, le contestó: «Es evidente que tengo más años que en 1979, pero la Providencia me mantiene en buena forma, por el momento. ¡Y, además, cuando quiero saber algo sobre mi salud y mis enfermedades, debo recurrir a lo que publica la prensa!»

Precisamente en relación con sus viajes a América Latina algunos críticos lo acusaron de haber usado dos varas de medir, manifestando una mayor condescendencia con los regímenes dictatoriales de derechas que con los de izquierdas. A esta provocación Juan Pablo II reaccionaba con una explicación basada en su experiencia personal: «La dictadura de derechas es la dictadura de un hombre, muerto éste el régimen se resquebraja. Las de izquierdas, sin embargo, están dirigidas por un sistema que es mucho más difícil de desarraigar.» Detrás de aquello que algunos interpretaban como un compromiso con el poder estaba, en realidad, el deseo de privilegiar un espíritu de reconciliación más que de contraposición, y de favorecer, de alguna forma, una transición política hacia la democracia.

No obstante, es indudable que en su *entourage* había algunos que mostraban una mayor inclinación por la ideología de derechas que por la de izquierdas. Lo prueba, entre otras cosas, el hecho de que entre los «testigos de la fe» homenajeados en la celebración del 7 de mayo de 2000 en el Coliseo, en un primer momento no fue incluido monseñor Óscar Romero, el arzobispo de San Salvador, que había sido asesinado en 1980 mientras celebraba la misa. Cuando le hicieron notar esa ausencia el Papa se justificó explicando que un colaborador le había descrito a Romero como «un abanderado de la izquierda». Luego, sin embargo, profundizó en la cuestión y ordenó que lo incluyeran en la lista. Además, cuando en 1983 se estaba preparando el viaje pastoral a El Salvador, a los que le sugerían que no visitase la tumba del prelado les replicó tajantemente: «No, el Papa debe ir, se trata de un obispo que fue asesinado en el mismo corazón de su ministerio pastoral, durante la celebración de la santa misa.»

El Pontífice jamás se echaba atrás cuando debía tomar decisiones difíciles. En 1982 había prevista una visita al Reino Unido, del 28 de mayo al 2 de junio, cuando de repente este país entró en conflicto con Argentina por la titularidad de las islas Malvinas. Sus colaboradores le sugirieron que pospusiese el viaje, pero él no sólo decidió ir diez días más tarde sino que, además, incluyó a Argentina en su recorrido: veintinueve horas de viaje y una permanencia de sólo veintiocho horas para dar a entender que la guerra no podía impedir al Papa el desempeño de su ministerio entre los pueblos. Tres años después demostró la misma determinación con ocasión del viaje programado a Holanda. La Iglesia holandesa vivía en esos momentos unas fuertes polémicas internas y, por este motivo, la Secretaría de Estado prefería esperar tiempos mejores, pero Juan Pablo II insistió en que la crisis de la Iglesia hacía que ese viaje fuese aún más necesario, a fin de ayudar a poner en marcha un programa concreto de reconstrucción.

Pero no sólo en las situaciones particularmente delicadas no dudaba en saltarse los canales institucionales y dar prioridad a los más inusuales. Sin ir más lejos, eso fue lo que hizo cuando manifestó su intención de visitar, durante un único viaje, las tres realidades étnicas más importantes de los Balcanes: la croata Zagreb, la bosnia Sarajevo y la serbia Belgrado. A espaldas de la Secretaría de Estado, encargó a un obispo de confianza que estableciese contactos reservados para verificar si el proyecto era factible. Éste, por lo visto, fue bien recibido por los diferentes líderes políticos —Franjo Tudjman, Radovan Karadžić, Alija Itzebegovic y Slobodan Milošević— pero no así por el patriarca de la Iglesia ortodoxa serbia, Pavle. Cuando uno de los miembros de la Secretaría de Estado manifestó su desaprobación por su manera inusual de proceder, el Papa le replicó serenamente: «En la Secretaría de Estado hay una primera sección, una segunda sección, y puede que incluso más... No hay ninguna razón para escandalizarse, lo que hace falta es alcanzar el objetivo y, en ciertas ocasiones, es necesario recurrir a las vías oficiosas para obtenerlo. En su debido momento se entenderá.»

Juan Pablo II vivía con extraordinaria sensibilidad el dolor de las víctimas de las calamidades naturales y no vacilaba a la hora de viajar a esos lugares para llevar su consuelo a las poblaciones afectadas. Lo hizo, por ejemplo, el 25 de noviembre de 1980, cuando quiso desplazarse a las regiones italianas de Campania y Basilicata que habían sufrido un terremoto; y después, seis años más tarde, en julio de 1986, viajó a Colombia, al territorio sepultado hacía ya algunos meses por la erupción del Ne-

vado del Ruiz. Al bajar del helicóptero que lo había dejado sobre la arena de esa inmensa tumba se arrodilló, rezó
durante largo rato y en silencio, visiblemente conmovido. Al regresar comentó: «¡El hombre aplastado! Pero el
hombre no puede ser aplastado, porque Dios fue aplastado en Cristo. ¡Qué difícil es comprender que Dios puede
ser aplastado! Ni siquiera Pedro lograba entenderlo...»

El *mysterium iniquitatis* (el «misterio de la iniqui-
dad», al que se hace referencia en la segunda carta a los
Tesalonicenses) constituía uno de los puntos cardinales
de la reflexión del Pontífice. Juan Pablo II se refirió expresamente a él mientras contemplaba con tristeza las
imágenes de los atentados terroristas de las Torres Geme-
las de Nueva York. No obstante, incluso en esos momentos dramáticos su mirada llena de fe conseguía pre-
valecer sobre cualquier emoción. Un testigo privilegiado
contó que «en el instante en que se tuvo un presentimiento del Apocalipsis, el 11 de septiembre de 2001, el
Papa se dirigió a Aquel que es fuente de toda gracia y le
dijo: "Son tuyos." Fue un gesto de confianza absoluta. El
gesto más difícil: algo así como recordar al mismo Dios
cuál es su tarea. Fue uno de esos momentos de enfrentamiento con Dios para que Éste conceda su gracia. Pertenece a los mayores momentos de la historia de la espiritualidad. Como le sucedió a Moisés, sólo que, a diferencia
de él, Juan Pablo II nunca quiso renegar de su pueblo».

UN MAGISTERIO INIGUALABLE

En el curso de un viaje internacional un periodista le
preguntó al papa Wojtyła si no consideraba que era demasiado exigente en sus discursos. La respuesta fue: «He

reflexionado algunas veces sobre esa cuestión, pero siempre he acabado por concluir que la palabra de Dios es mucho más exigente y que mi deber es proclamarla en todo momento.»

Es indudable que Juan Pablo II cumplió plenamente con este deber, no sólo dirigiéndose al mundo con un corpus impresionante de discursos y documentos, sino valiéndose siempre de un lenguaje claro y accesible a todos en sus mensajes.

Desde los primeros días del pontificado, por ejemplo, empezó a plantearse cómo proponer la habitual catequesis de la audiencia general de los miércoles. En un primer momento pidió a varios especialistas que lo ayudasen a recopilar material sobre los temas específicos, seleccionando los fragmentos bíblicos y doctrinales de los Padres de la Iglesia más adecuados para profundizar en ellos. Luego, sin embargo, se preguntó por la forma de escribir dichos textos de manera que fueran comprensibles al mayor número posible de oyentes. «Aprendí el lenguaje poético, filosófico y de la homilía, pero no acabo de entender lo que significa hablar en lenguaje catequístico. Ahora bien, también me doy cuenta de que la manera de transmitir depende asimismo de la aceptación del contenido», confió a sus más estrechos colaboradores. Era muy riguroso con quienes lo ayudaban en la redacción de los textos: siempre quería dejar su propia huella, tanto en el contenido como en la forma.

Durante un desayuno en Castel Gandolfo dijo, haciendo referencia a sí mismo: «No sé si la Historia recordará a este Papa, creo que no; pero si lo hace me gustaría que me recordara como el Papa de la familia.» En efecto, los problemas relacionados con el matrimonio y la familia prevalecieron siempre en sus preocupaciones pastorales. Cuando conversaba con personas divorciadas o que se habían vuelto a casar jamás se comportaba como juez o acusador. Al contrario. «Lo que me impresionó más profundamente —recordó un autorizado testigo— fueron las demostraciones de afecto y de amor que dedicó a los que vivían una situación de malestar familiar. Sentí cómo emanaba de su persona el perdón y la reconciliación que es imposible percibir en las ocasiones públicas en que la Iglesia y el magisterio se expresan sobre estos temas.»

Su empeño pastoral a favor del laicado no fue, desde luego, inferior. Consideraba los movimientos eclesiásticos como auténticas «señales de los tiempos» y apreciaba cualquier iniciativa dirigida a propagar el mensaje evangélico, invocando el principio bíblico según el cual si algo procede de los hombres perecerá, pero si procede de Dios no hay que combatir sino coadyuvar, porque puede ser un don de la Providencia. El Pontífice consideraba oportuno que las nuevas realidades laicas no se confundiesen con las estructuras religiosas y, en más de una ocasión, rechazó la solicitud de los que deseaban transformarse en un instituto secular al amparo de las congregaciones religiosas, sugiriendo en cambio que buscasen el reconocimiento del Consejo Pontificio para los Laicos.

El papa Wojtyła estaba absolutamente seguro de que los laicos debían asumir mayor fuerza y visibilidad en el seno de la Iglesia. De este parecer nació en marzo de 1985 la voluntad de poner en marcha las Jornadas Mundiales de la Juventud a partir de la histórica cita romana en la plaza de San Giovanni in Laterano. La ONU lo había proclamado Año Internacional de la Juventud, y Juan Pablo II decidió celebrarlo con un importante encuentro. Algunos colaboradores se mostraron escépticos sobre las posibilidades de que la iniciativa tuviese éxito, pero el Papa no vaciló ni por un momento: «Tenemos que ponernos en marcha, porque es el futuro de la Iglesia.» El éxito fue arrollador y a partir de ese día el Domingo de Ramos se dedica a esta manifestación.

La gran iniciativa romana fue, además, una ocasión para hacer realidad otra sentida aspiración de Juan Pablo II, quien pretendía que su diócesis fuese un ejemplo para todo el mundo católico. ¿Cómo podía exhortar a los otros obispos a animar sus diócesis, repetía a menudo al cardenal vicario y a sus auxiliares, si la primera en serlo no era la suya? Jugando con el palíndromo *Roma-amor* sintetizó el mandato eclesiástico con las siguientes palabras emblemáticas: «La misión de *Roma es amor*», poniendo especial énfasis en su condición de obispo de Roma y en el romanismo: la *Urbe*, Roma, y el *Orbe,* el mundo, se integraban en una única estrategia pastoral. Hizo colgar de una pared de su dormitorio un gran mapa de la diócesis de esta ciudad en el que estaban marcadas todas las parroquias: muchas, evidenciadas con el pasar de los años, ya habían sido visitadas, muchas otras, como él mismo constataba cuando se detenía a observar el mapa, todavía lo estaban esperando.

También sentía una gran responsabilidad pastoral hacia Italia; al respecto, afirmó con claridad: «Como obispo de esta Sede apostólica y como Primado de Italia me siento partícipe del destino, de la alegría y del sufrimiento de todo su pueblo.» Él mismo alentó, en 1994, la iniciativa de la oración por Italia, a fin de que el país pudiese superar con serenidad la crisis extrema que vivía en ese periodo. El 6 de enero de ese año envió incluso una carta personal a los obispos italianos apelando seriamente a la responsabilidad que los católicos debían asumir para enfrentarse a los desafíos de ese momento histórico.

Juan Pablo II observaba con especial inquietud los movimientos secesionistas que minaban la unidad del país. Tal y como refirió un testigo directo de esos días: «Todavía recuerdo vivamente el desconcierto que sintió el Papa en el verano de 1996, cuando la Liga Norte visitó el nacimiento del río Po. Consideraba ese gesto como un crimen contra la unidad del país y me preguntó por qué no intervenían los carabineros y por qué el presidente de la República no hacía nada. Tenía muy presente el bien precioso que Italia representaba también para la Santa Sede y el Papa. A esta convicción se debe asimismo la decisión de unir en la persona del vicario de Roma el cargo de presidente de la Conferencia episcopal italiana.»

EL DIÁLOGO CON LAS OTRAS CREENCIAS

Hombre del diálogo y de la confrontación, Juan Pablo II no dudó a la hora de trabajar para que su pontificado se orientase a la realización de un ambicioso proyecto ecuménico, que tuvo en el encuentro interreligioso del 27 de octubre de 1986 en Asís uno de sus momentos más intensamente emblemáticos.

Consciente de que la idea podía generar malentendidos e incomprensiones, el Papa reflexionó mucho antes de hacerla pública. Después, confortado por el apoyo del entonces cardenal Joseph Ratzinger, que le había manifestado su autorizada opinión a favor durante una comida, quiso anunciar personalmente el acontecimiento en el curso de la audiencia general del 22 de octubre, explicando que esa Jornada sería una ocasión para «estar unidos y para rezar [...] unos junto a otros implorando a Dios el don que, hoy más que nunca, la humanidad necesita para sobrevivir: la paz».

Sin poner en tela de juicio la identificación de Jesucristo como único salvador del mundo, Juan Pablo II deseaba establecer un diálogo con las otras religiones en las cuales, según la enseñanza del Concilio Vaticano II, percibía la presencia de «destellos de la única verdad». De hecho, y de acuerdo con un testigo, «el fruto de Asís fue que, en lugar de la hostilidad y de la enemistad entre las religiones, se introdujo el principio de diálogo». También por esta razón el Pontífice, pese a la opinión contraria de algunos cardenales que consideraban la Jornada de Asís como un *unicum*, quiso que la experiencia se repitiese todos los años en un centro diferente de Europa o del Mediterráneo, y confió la organización a la Comunidad de San Egidio.

Wojtyła manifestaba hacia el mundo islámico una actitud de extraordinaria apertura y disponibilidad que manifestaba de forma constante. Por ejemplo, en una ocasión en que hablaba con un relevante político sobre la hipotética adhesión de Turquía a la Unión Europea, observó: «Considerando la Historia no cabe esperar nada bueno, pero debemos mirar hacia delante y tener en cuenta la necesidad de evitar la preponderancia de cualquier egoísmo y fanatismo de carácter religioso.»

Esta iluminada propensión al diálogo se selló de manera emblemática el 14 de mayo de 1999, cuando recibió en el Vaticano al patriarca caldeo iraquí Rafael I Bidawid, que acudió acompañado de varias autoridades civiles y religiosas de Irak. Al finalizar la audiencia, varios miembros musulmanes de la delegación ofrecieron en homenaje al Pontífice un ejemplar del Corán. El Papa se inclinó y lo besó en señal de respeto.

Muchos interpretaron este gesto extraordinario como una cesión doctrinal por parte del Pontífice y lo atacaron con críticas y deducciones malévolas. Lo cierto es que ese beso era, sencillamente, el medio a través del cual un hombre de fe manifestaba su profunda caridad hacia el pueblo y la cultura que reconocían a Abraham como el padre común de todos los creyentes de un único Dios. Además, la humildad y espontaneidad de ese gesto suponía una llamada a la sensibilidad de sus interlocutores, ya que suponía a la vez una invocación implícita, aunque inequívoca, a la reciprocidad.

Éste no fue el único caso en el que una acción del Pontífice destinada a revitalizar las relaciones con otra confesión fue malinterpretado. El 29 de junio de 1995, por ejemplo, el Papa recibió en la basílica de San Pedro al patriarca de Constantinopla, Bartolomé I, y quiso recitar con él el Credo en la versión constantinopolitana, limitándose, por tanto, a afirmar que el Espíritu Santo «procede del Padre», sin añadir «y del Hijo» (*Filioque*). Se trata de un tema exquisitamente teológico que, desde hace varios siglos, divide a las Iglesias de Oriente y de Occidente.

Ni que decir tiene que esa elección no era una simple invitación al «aprecio mutuo», sino la voluntad de dar un significativo impulso al camino de la comunión entre Iglesias hermanas, con el deseo, tal y como explicó en la homilía de ese día, de «disipar un malentendido que todavía proyecta su sombra en las relaciones entre católicos y ortodoxos». De hecho, a raíz de ese encuentro se creó una comisión mixta cuya «tarea consistía en explicar, a la luz de la fe común, el significado y el alcance de unas expresiones tradicionales diferentes en lo concerniente al origen eterno del Espíritu Santo en la Trinidad, unas expresiones que pertenecen a nuestros recíprocos patrimonios doctrinales y litúrgicos».

El temor ortodoxo de que la Iglesia de Roma abrigase algún tipo de ambición de proselitismo en relación con sus fieles se reveló del todo infundado. El Papa, sobre todo durante el periodo en que trabajó en la encíclica *Ut unum sint*, en la cual planteó también la discusión sobre las modalidades de ejercicio del primado de Pedro, repetía con frecuencia, como si fuese un eslogan: «Con los ortodoxos quiero la comunión, no la jurisdicción.»

Y con tal de vivir cualquier gesto de comunión y de oración en común no dudaba en recurrir a pequeños subterfugios, como la «bromita» que hizo al obispo ortodoxo de Atenas en la nunciatura vaticana de Grecia. Durante ese breve y desafortunado encuentro, Wojtyła expresó al obispo su deseo de recitar el Padrenuestro en griego. Las autoridades religiosas griegas empezaron a recitar el Padrenuestro en su idioma y, para su sorpresa, el Papa los acompañó, también en esa lengua.

Un tema problemático y en el que se profundizó durante el proceso de beatificación fue el de la comunión eucarística que Juan Pablo II dio en más de una ocasión al hermano Roger Schutz, el fundador de la comunidad ecuménica de Taizé, que murió acuchillado por una enajenada el 15 de agosto de 2005. Dado que Schutz no era formalmente católico, sino protestante, el hecho debería haber sido considerado ilícito. En realidad, y tal y como declaró monseñor Gérard Daucourt, obispo de Nanterre: «El hermano Roger se había convertido al catolicismo y el Papa y los obispos de Autun lo sabían, pese a que no dijeron nada públicamente.» Otras personas atestiguaron también que, si bien no se había producido el paso formal de la comunidad eclesiástica en la que el hermano Roger había sido bautizado a la Iglesia católica, era imposible dudar sobre su fe genuina en la presencia real de Cristo en la eucaristía.

En efecto, Wojtyła había conocido al hermano Roger durante el Concilio Vaticano II. Todas las mañanas, cuando el entonces vicario capitular se dirigía a la basílica de San Pedro para orar ante el Santísimo, se encontraba en la capilla al hermano Roger. Más tarde, en 1964 y en 1968, el arzobispo Wojtyła viajó a Taizé, sabiendo que el hermano Roger, sin haber roto con sus orígenes, se había adherido espiritualmente a la fe católica. En mayo de 1973 Wojtyła dio por primera vez la comunión al hermano Roger, cuando él era cardenal y el hermano Roger era su invitado en Cracovia con ocasión del encuentro con doscientos mil mineros polacos durante la peregrinación a Katowice. En esta circunstancia el hermano Roger le comunicó personalmente que el obispo de Autun, monseñor Armand-François Le Bourgeois, lo había aceptado en la eucaristía en septiembre de 1972.

«EN LA IGLESIA NO HAY SITIO PARA UN PAPA EMÉRITO»

A medida que iba envejeciendo, el papa Wojtyła empezó a reflexionar sobre la posibilidad de presentar su dimisión en caso de que le fuese manifiestamente imposible desempeñar su ministerio. Tras cumplir setenta y cinco años (el 18 de mayo de 1995) inició una consulta formal con los responsables de la Secretaría de Estado y con sus amigos y colaboradores más cercanos, con los que discutió también la eventualidad de aplicarse como Papa la norma de Derecho Canónico que prevé que los obispos abandonen su cargo a los setenta y cinco años. El empeoramiento de su estado de salud lo inducía, de hecho, a tomar seriamente en consideración esta posibilidad, si bien era consciente del problema que la presencia de un Papa emérito podía generar.

Así pues, hizo estudiar el tema desde un punto de vista histórico y teológico, y sobre el particular consultó en especial al cardenal Ratzinger, prefecto de la Congregación para la Doctrina de la Fe, pero al final aceptó la voluntad de Dios. En pocas palabras, no hizo sino confirmar lo que él mismo había dicho en 1994 al cirujano Gianfranco Fineschi, que acababa de operarlo de una fractura del fémur: «Profesor, tanto usted como yo sólo tenemos una elección. Usted me debe curar. Y yo tengo que sanar. Porque en la Iglesia no hay sitio para un Papa emérito.» La decisión de no abandonar el trono de Pedro tuvo sus raíces en su sentido espiritual de entrega total a Dios, en la fe en la divina Providencia y en la confianza en la ayuda de la Virgen. Sintetizado en sus fragmentos esenciales el curso de sus reflexiones podría ser éste: jamás pensé que me convertiría en Papa; la Providencia divina me llevó a ocupar ese puesto; ahora no quiero ser yo el que ponga fin a esa tarea; el Señor me trajo aquí, de forma que debe ser Él el que juzgue y disponga cuándo tiene que finalizar mi servicio; si renunciase la decisión sería mía, pero yo quiero cumplir plenamente la voluntad de Dios, así que dejo que sea Él el que decida.

Esto fue lo que escribió el Pontífice en un texto de 1994 que, con toda probabilidad, debía ser leído en voz alta (¿en el Colegio de cardenales?), dado que en algunas palabras aparece marcado con lápiz el acento tónico para facilitar la pronunciación:

He reflexionado mucho ante Dios sobre lo que debe hacer el Papa sobre su persona cuando cumpla setenta y cinco años. Al respecto os confío que, hace dos años, cuando se perfiló la posibilidad de que el tumor del que debía ser operado fuese maligno, pensé que el Padre que está en los cielos quería ocuparse Él mismo de resolver el problema de antemano. Mas no fue así.

Tras haber rezado y reflexionado mucho sobre mis responsabilidades ante Dios, considero que debo seguir las disposiciones y el ejemplo de Pablo VI, quien, al pensar en este problema, consideró que no podía renunciar al mandato apostólico a menos que fuera víctima de una enfermedad incurable o de un impedimento tal que le obstaculizase en el ejercicio de las funciones de Sucesor de Pedro.

Así pues, siguiendo las huellas de mi predecesor, he puesto ya por escrito mi voluntad de renunciar al sacro y canónico oficio de Romano Pontífice en caso de enfermedad presumiblemente incurable y que me impida ejercer [de manera suficiente] las funciones del ministerio de Pedro.

Al margen de esta hipótesis, advierto como una seria obligación de conciencia el deber de seguir desempeñando la tarea que Cristo me ha llamado a desempeñar hasta que Él, siguiendo los misteriosos planes de su Providencia, desee.

El texto de Pablo VI al que el papa Wojtyła hace referencia se remonta al 2 de febrero de 1965 y se cita también en este manuscrito inédito del 15 de febrero de 1989 (al que se remite la citada declaración de 1995):

Siguiendo el ejemplo del Santo Padre Pablo VI (cfr. texto del 2.II.1965)
declaro:
— en caso de enfermedad que se presuma incurable, de larga duración, y que me impida ejercer suficientemente la función de mi ministerio apostólico,
— o en caso de que se produzca otro grave y prolongado impedimento que me obstaculice de la misma forma,
— renuncio a mi sacro y canónico oficio, tanto como obispo de Roma, como jefe de la santa Iglesia católica, y lo dejo en manos del señor cardenal decano del Sagrado Colegio Cardenalicio, poniendo igualmente en sus manos y en las de, al menos, los señores cardenales prepósitos en los dicasterios de la Curia romana y al cardenal vicario de Roma (siempre que se puedan convocar normalmente y, en caso contrario, a los señores cardenales jefes de las órdenes del Sagrado Colegio) la facultad de aceptar y de aplicar (sic) mi dimisión
— en nombre de la Santísima Trinidad
Romae, 15.II.1989

Ioannes Paulus PP II

Juan Pablo II afrontaba con lúcida conciencia el progresivo deterioro de su estado de salud. «¿Cree usted que no veo en televisión el aspecto que tengo?», fue su reacción cuando uno de sus colaboradores intentó animarlo. Cuando se vio obligado a usar el bastón para caminar, Juan Pablo II se sentía un poco torpe. Le costaba presentarse en público con este signo evidente de su fragilidad física, hasta el punto de que tenía por costumbre dejarlo detrás de la puerta antes de subir al palco del aula Pablo VI donde se celebraban las audiencias. Pese a ello, no tardó mucho en aceptar también con serenidad este nuevo estado, tal y como demostró haciéndolo girar como si fuese un juguete ante millones de jóvenes durante la vigilia de la Jornada mundial de la juventud que tuvo lugar en Manila en enero de 1995.

No faltaban tampoco los momentos en que intentaba quitar hierro al hecho recorriendo a su habitual ironía. El 29 de marzo de 1998, por ejemplo, improvisando en un discurso dijo: «Me gustaría preguntaros: ¿Por qué lleva bastón el Papa?… Pensaba que me contestaríais: ¡Porque es viejo! En cambio habéis dado la respuesta justa: ¡Porque es "pastor"! El pastor lleva un bastón para apoyarse y también para mantener en orden su rebaño.» En otra ocasión, durante un viaje a América Latina, se encontró con un cardenal que había sido víctima de un accidente y que a raíz de ello caminaba con bastón: «Estimada eminencia, ¡somos dos bastoneados!», le dijo sonriendo.

Cuando superó los ochenta, que cumplió en el año del Gran Jubileo de 2000, Juan Pablo II se puso definitivamente en manos de Dios. Según afirmó en su testamento, «confío en que Él me ayudará a reconocer hasta cuándo debo proseguir con este servicio al que me llamó el 16 de octubre de 1978. Le pido que me llame cuando así lo desee. "En la vida y en la muerte pertenecemos al Señor… somos del Señor" (cfr. Romanos 14:8). Espero que mientras deba cumplir el servicio de Pedro en la Iglesia la misericordia de Dios quiera prestarme las fuerzas que necesito para llevar a cabo este servicio».

EL REGRESO A LA CASA DEL PADRE

El último mes de vida de Wojtyła fue una plena manifestación de la esencia de una vida pasada bajo el lema *«Totus tuus»*, de su total abandono en brazos del Padre y de la Virgen.

Después de la traqueotomía que le practicaron el 24 de febrero de 2005 para resolver una insuficiencia respiratoria aguda, Juan Pablo II tuvo graves dificultades para hablar. Trató de explicarse mediante gestos con un amigo obispo. Después, éste recordó: «A duras penas quiso decirme algunas frases. Una de ellas fue: "Todo está en manos de Dios." Estaba a todas luces sereno, resignado a su situación y consciente de sus condiciones, era evidente que sufría.»

Durante los últimos días que transcurrió en el hospital repetía de nuevo a menudo que san Pedro había sido crucificado cabeza abajo. En el policlínico Gemelli meditó cotidianamente sobre la muerte de Cristo, preparándose para la Semana Santa. Un día, la monja que lo asistía le oyó preguntar: «Qué hora es?» Ella le respondió: «Las tres.» Entonces el Pontífice murmuró: «El Señor Jesús ha muerto ya en la cruz, ha dejado de sufrir», y se calmó.

El 13 de marzo quiso volver a toda costa al Vaticano con la esperanza de poder celebrar de alguna forma los ritos pascuales, pero no fue capaz de presidir ninguna de las ceremonias. Este hecho supuso un duro golpe para él. Apenas un año antes, a un estrecho colaborador que había probado a sugerirle que redujese sus compromisos durante la Semana Santa le había contestado: «Mientras el Señor siga con vida y me dé la fuerza de hacerlo no suspenderé ninguna celebración de las misas previstas para Semana Santa y Pascua.»

Miles de personas de todo el mundo conservan en la memoria la imagen, que transmitió la televisión, en la que el Papa aparecía de espaldas en su capilla privada, abrazado a la cruz durante la celebración del Vía crucis del Viernes Santo. Mientras asistía a esa escena, un testigo privilegiado recordó una análoga que había tenido lugar en Comboé, en el valle de Aosta, durante un paseo: «Juan Pablo II abrazó intensa y prolongadamente la alta cruz de madera que se erige al pie de la montaña. Asistimos a la escena a una respetuosa distancia, mudos y conmovidos, era un gesto tan inesperado como impresionante: el rostro del Papa estaba marcado por los rasgos de un profundo sufrimiento interior.»

En el curso de su última Semana Santa respondió de esta forma a un cardenal que le sugirió que no agotase sus últimas fuerzas: «Si Jesús no descendió de la cruz, ¿por qué debería hacerlo yo?» Durante la peregrinación que realizó a Lourdes en agosto de 2004 se sintió extenuado. Tuvo que interrumpir la homilía en repetidas ocasiones, pidió ayuda en polaco a su secretario, quien le sirvió un poco de agua, y a continuación murmuró también en polaco: «Tengo que llegar al final.»

El 27 de marzo, el domingo de Pascua, el papa Wojtyła ni siquiera fue capaz de pronunciar desde la ventana de la plaza de San Pedro las palabras de la bendición *Urbi et orbi* y tuvo que limitarse a trazar con la mano la señal de la cruz. Mientras se alejaba de la ventana profundamente apenado por esta evidente señal de impotencia, pronunció las palabras extremas de sumisión a la voluntad divina: «Si ya no puedo desempeñar la función de pastor, estar con la gente y celebrar la santa misa, quizá sea mejor que muera.» A continuación añadió: «Hágase tu voluntad. *Totus tuus.*»

Hacia las once del miércoles 30 de marzo, a la hora de la habitual audiencia general, se asomó a la ventana del Palacio apostólico para bendecir a los miles de peregrinos que abarrotaban la plaza de San Pedro: fue su última aparición pública. Al día siguiente, a las once de la mañana, los sacerdotes secretarios lo ayudaron a celebrar la misa en su capilla privada, que apenas pudo concluir. Inmediatamente después lo metieron en la cama y los médicos le suministraron el oportuno tratamiento.

El jueves por la tarde recitó, como solía hacer siempre ese día, la Hora Santa. Después pidió que le leyesen un fragmento de su libro *Señal de contradicción,* en el que se comentaba una frase de Jesús: «"Padre mío, si es posible aparta de mí este cáliz." Cristo que participó en el misterio de la libertad divina, sabe que no debe ser necesariamente así y, al mismo tiempo Él, que participa plenamente del amor divino, sabe que no puede ser de otra manera.» Durante la Hora Santa permaneció consciente en todo momento, y mientras pronunciaban las palabras *«sacerdos et victima»,* que forman parte de las letanías a Cristo sacerdote, alzó la mano en ademán de consuelo a una monja que vio particularmente conmovida. Poco después su situación se agravó debido a una infección urinaria que provocó un choque séptico con colapso cardiocirculatorio.

El viernes 1 de abril se celebró la misa a la cabecera de su cama y Juan Pablo II fue capaz de pronunciar las palabras de la consagración. Gracias a la ayuda de la hermana Tobiana recitó las horas del Breviario y el resto de las oraciones, e hizo también la adoración y·la meditación. A continuación el Papa pidió con insistencia que le permitieran escuchar la lectura del Vía crucis y del Evangelio de San Juan, del cual don Tadeusz Styczeń le leyó nueve capítulos.

El sábado por la mañana se volvió a celebrar la misa a su cabecera, si bien se podía percibir ya una pérdida inicial de conciencia. Apenas podía respirar, pese a que le suministraban oxígeno. Por la tarde se recitaron en su habitación el rosario y las vísperas.

Hacia las ocho de la tarde, monseñor Dziwisz decidió concelebrar la misa a su cabecera. La presidió el cardenal Marian Jaworski, que administró al Papa el sacramento de los enfermos. En el momento de la comunión Dziwisz le apoyó sobre los labios una cucharita con varias gotas de vino consagrado. Juan Pablo II no lograba abrir los ojos y cada vez respiraba con mayor dificultad. Todos los presentes se arrodillaron para el agradecimiento posterior a la misa, y permanecieron así hasta el último momento, cuando Karol Wojtyła dobló ligeramente la cabeza hacia la derecha y su rostro asumió una expresión serena. Eran las nueve y treinta y siete del 2 de abril de 2005, el primer sábado del mes y las primeras vísperas de la fiesta de la Divina Misericordia.

En un abrir y cerrar de ojos se difundió por la plaza de San Pedro la noticia de su muerte. Adolorados, los miles de presentes compartieron la triste sensación de haber perdido a una persona amada que había formado parte de sus vidas de forma muy intensa. En cada uno de ellos, sin embargo, la voz de la fe evocaba el extraordinario testimonio que Juan Pablo II había dado con su vida, una vida que describían a la perfección las palabras de san Pablo: «He peleado la buena batalla, he acabado la carrera, he guardado la fe.» (2 *Timoteo* 4:7.)

La imagen del Evangelio apoyado sobre el ataúd de Juan Pablo II en la plaza de San Pedro el día del funeral ha pasado ya a la Historia: un viento impetuoso agitaba las vestiduras de ceremonia de los cardenales que se encontraban en lo alto de la anteiglesia, y volvía violentamente las páginas. A los pies de la escalinata, en cambio, reinaba una gran calma. Alrededor del altar soplaba el Espíritu Santo. Un sacerdote comentó poéticamente: «En ese momento no sólo percibí la fuerza de la Iglesia orante, que expresaba su amor y devoción al Pastor que la había guiado durante casi veintisiete años, sino también la manifestación concreta de Pentecostés.»

Menos conocido es, sin embargo, otro episodio significativo que tuvo lugar en Ciudad de México. Poco antes del funeral partió de la nunciatura el «papamóvil» que Wojtyła había utilizado durante sus visitas a ese país. En el interior del vehículo se encontraba el sillón que el Papa había usado durante una misa y sobre el cual había apoyada una fotografía de él. La triste procesión atravesó las calles de la ciudad hasta llegar a la basílica de la Virgen de Guadalupe, donde decenas de miles de fieles se habían agrupado para seguir la retransmisión directa desde Roma. El sillón fue colocado a la entrada de la basílica y de repente, en el instante mismo en que el viento azotaba la plaza de San Pedro, una paloma se posó sobre él.

3

El místico

SUBIR EL RÍO HASTA EL MANANTIAL

Se ha escrito mucho sobre la vida de Juan Pablo II. Y también él contó mucho no sólo en sus libros, en las entrevistas o en las conversaciones que concedió para evocar sus recuerdos, sino también en los fragmentos biográficos que le gustaba incluir con frecuencia tanto en sus ensayos como en sus discursos. Una vez, sin embargo, hizo una confesión muy íntima: «Intentan entenderme desde fuera, pero yo sólo puedo ser comprendido desde dentro.»

La trayectoria existencial de Karol Wojtyła debe, sin lugar a dudas, su luz y su principio prioritario a su plena adhesión a Cristo, a la certeza de estar en sus manos y de no poder verse privado en ningún momento de su amor. Una espiritualidad expresada con extraordinaria intensidad mediante las palabras de san Pablo: «Ya no vivo yo, mas Cristo vive en mí» (*Gálatas* 2:20) en las que encuentran su raíz no sólo el ejercicio de las virtudes en grado heroico por parte de Juan Pablo II, sino también su capacidad de establecer auténticas relaciones con los demás, de acuerdo con la afirmación de Jesús: «Os he llamado amigos.» (Juan 15, 15.)

La fe, la esperanza, la caridad, al igual que el valor, la tenacidad y la indiferencia por los bienes terrenales se nutrían de la certeza de pertenecer a Cristo. Y lo mismo se puede decir de su libertad de pensamiento y de acción. «¿Ah, sí? ¿Y en qué periódico deberían publicarse?», fue, sin ir más lejos, el modo en que replicó a los colaboradores que le informaron preocupados sobre las fotografías que le había sacado clandestinamente un periodista mientras nadaba en la piscina de Castel Gandolfo.

Sus pasos estaban guiados por su capacidad mística de observar y de juzgar el mundo como la obra de Dios y como su permanente manifestación entre los hombres. Un caminar más allá del mero fluir de las cosas que el *Tríptico romano,* su última obra poética, traducía figurativamente en la empresa de subir por un arroyo contracorriente para llegar al manantial, al momento en que Dios creó al hombre a su imagen y semejanza.

Esta mirada y esta proximidad a Cristo eran el fundamento de su sacerdocio. A un alumno del seminario romano que le preguntó qué significaba para él ser vicario de Cristo, le respondió con espontánea inmediatez: «Yo, antes de ser vicario de Cristo, soy y actúo *in persona Christi* como sacerdote.» Tal y como subrayó el papa Benedicto XVI en uno de sus primeros Ángelus, la vida de Juan Pablo II se puede ilustrar idealmente como una parábola eucarística en la que el sacrificio de sí mismo a favor de la Iglesia, de sus hermanos y de la gloria de Dios, fue total.

Total fue, además, su disponibilidad para recibir, desde el principio, el don que Dios le estaba ofreciendo. Con sólo veinte años Wojtyła había experimentado ya el dolor que conlleva la separación física de todos sus seres queridos. Se quedó completamente solo después de la muerte de su padre y tocó con la mano la aleatoriedad y el límite de cualquier certeza humana, incluida la de no poder contar ya con las propias fuerzas y tener que fiarse únicamente de Cristo y de su palabra de salvación. Esta entrega total a Dios no fue, sin lugar a dudas, una simple compensación de una íntima carencia afectiva, sino la desembocadura natural de un camino que había emprendido desde muy joven. Un camino que estuvo marcado por el progresivo descubrimiento del poder y de la belleza de la palabra de Dios y de su superioridad respecto a la de los hombres, y cuya etapa fundamental la constituyó la decisión de abandonar el teatro para entrar en el seminario, privilegiando la teología a la estética.

BIENAVENTURADOS LOS POBRES

La decisión de vivir en comunión con Cristo en nombre de la Verdad coincidió en Wojtyła con una orientación cada vez más radical hacia la esencialidad y la pobreza de espíritu exaltada como la primera de las bienaventuranzas evangélicas. Superando la acepción del Antiguo Testamento —que entendía la pobreza como una simple carencia de medios materiales y la consideraba una maldición del Señor que se contraponía a la bendición que manifestaba la abundancia de rebaños, mujeres, hijos y bienes—, Jesús, en el Sermón de la montaña, la identifica, en cambio, con la condición de los que abren su corazón para recibir la «buena nueva» que anuncia la irrupción de la divinidad en el mundo, la presencia del reino de Dios entre los hombres. El recorrido místico de Karol Wojtyła se perfiló, en efecto, como una progresiva conversión en un *anawin*, esto es, el «pobre de Israel» que no tiene otra esperanza, otro punto de referencia que Dios. Y fue acompañado de una precoz indiferencia por los bienes terrenales.

Ya en la época en la que trabajaba en la fábrica Solvay, sus compañeros habían notado que a menudo llegaba por la mañana sin el abrigo o el suéter del día anterior, y su explicación era siempre la misma: «Se lo he dado a uno que me he encontrado por el camino y que lo necesitaba más que yo.» Si le regalaban algo para abrigarse le duraba poco, hecho que no dejaba de generar cierta contrariedad en los donantes.

Una vez finalizada la guerra, Wojtyła se convirtió en el responsable del locutorio del seminario diocesano de la calle Podzamku. Su tarea consistía en recibir y escuchar a los que acudían a él para pedirle ayuda espiritual, aunque también con mucha frecuencia material. Un antiguo compañero contó: «Su confianza ilimitada en la Providencia divina y la extraordinaria sensibilidad que mostraba hacia cualquier tipo de sufrimiento eran muy edificantes. Jamás pensaba en sí mismo o en sus propias necesidades. Compartía con los pobres todo lo que tenía. Sabía dar con discreción y con un tal respeto que la persona que recibía el don no se sentía humillada. Yo mismo asistí involuntariamente a varios de estos episodios y siempre intenté pasar desapercibido y marcharme a hurtadillas para no avergonzar ni a él ni al beneficiario.»

Un día las monjas para las que celebraba misa cuando ya era sacerdote lo vieron vestido de una manera totalmente inadecuada para protegerse del rigor invernal y decidieron tejerle un suéter de lana gruesa. Cabe imaginar lo que pensaron cuando, una semana después, don Wojtyła se presentó sin la prenda, que había regalado a un pobre.

Un domingo por la mañana, en la iglesia de San Floriano, los fieles tuvieron que esperar largo rato antes de que se presentase a la celebración. Lo hizo tan sólo después de que el sacristán, que había ido a buscarlo, le prestó sus zapatos. La noche anterior el joven vicepárroco había regalado el único par que poseía a un amigo estudiante que no tenía ninguno. Algunos años más tarde, cuando ya era obispo y durante una visita pastoral, fue necesario comprarle urgentemente un par de zapatos porque la suela de los que llevaba se había despegado. Antes de hacerlo, sin embargo, quiso que los arreglase un zapatero y sólo cuando éste aseguró que era imposible repararlos, se resignó a comprar un nuevo par.

Los miembros de la Curia diocesana no comprendían esta manera de comportarse: los arzobispos precedentes, todos de origen aristocrático, habían identificado en todo momento una figura hierática con la autoridad correspondiente a la función que desempeñaban. Wojtyła, en cambio, rompía claramente con esta tradición. Lo demostró cuando, por ejemplo, tras una visita a la comunidad de polacos emigrados a los Estados Unidos, recibió como regalo un coche nuevo, un Ford resplandeciente que le mandaron directamente a Cracovia.

El cardenal lo usó durante cierto tiempo, después decidió sustituirlo por un Wolga mucho más barato y popular. Cuando sus colaboradores le preguntaron por qué lo había hecho, Wojtyła les respondió: «Cuando me enseñaron varios modelos de coches en un catálogo elegí el que me parecía más pequeño. Pero cuando lo vi me di cuenta de que era demasiado bonito para mí. Además, durante una visita pastoral oí que un niño decía a otro: "¡Vaya coche!" No quiero que los fieles recuerden mis visitas por el coche con el que he llegado sino por mi ministerio.» Huelga mencionar que el dinero que se obtuvo gracias a la diferencia de precio fue destinado a los pobres.

LA ESENCIALIDAD COMO FORMA DE LIBERTAD

No era fácil regalarle algo. Cuando celebró el vigésimo aniversario de su consagración episcopal, los prefectos diocesanos decidieron no darle dinero, ya que sabían de sobra que lo repartiría inmediatamente. Cualquiera que le diese un sobre con una ofrenda podía estar seguro de que el arzobispo se la entregaría acto seguido, sin ni siquiera abrirlo, al ecónomo de la Curia, siempre y cuando no fuese a parar antes a manos de un necesitado. Cada vez que podía, Wojtyła entregaba pequeñas cantidades de dinero a los sacerdotes que acudían a las audiencias, explicándoles que debían destinarlas a la celebración de misas.

El capellán de la Universidad de Cracovia recordó que en una ocasión, al finalizar una función celebrada por el arzobispo para los estudiantes en la basílica del Sagrado Corazón de Jesús, le entregó una cantidad de dinero. Wojtyła se negaba a aceptarla, pero, dado que el capellán insistía, al final condescendió afirmando que esa suma serviría para resolver algún caso de necesidad. Algún tiempo después el capellán se enteró de que el dinero había «regresado a la base», ya que el cardenal se lo había entregado al responsable de la pastoral universitaria indicándole que lo distribuyese entre los estudiantes pobres.

Los que se ocupaban de su ropa en esa época recuerdan que Wojtyła vestía siempre de manera modesta y se negaba a cambiar de prendas por muy desgastadas que estuvieran. Si se agujereaban pedía que las remendasen. Sólo tenía un abrigo, al que añadía un forro acolchado durante el invierno, que quitaba en primavera y otoño. También cuando iba a esquiar se ponía unos monos viejos que apenas lo protegían del frío y de la humedad. Además de las sotanas de sacerdote, su armario apenas contenía unos pantalones de recambio y varias camisas.

Un año, durante unas vacaciones estivales, cogió dichas camisas y, dado que hacía calor, les cortó las mangas. Cuando llegó el invierno su colaboradora doméstica, la señora Maria, se dio cuenta de la situación y se lo contó al responsable del economato, que, como no podía ser menos, respondió: «No hay problema. Ahora mismo voy a comprarle unas camisas nuevas de manga larga.» La mujer objetó: «No es tan sencillo, porque él no se pone ropa nueva, la regala.» Al final compraron las camisas, pero para obligar al arzobispo a ponérselas tuvieron que recurrir a un truco que la señora Maria había urdido hacía ya tiempo: las ensuciaron y las lavaron varias veces para que pareciesen usadas. Wojtyła no se dio cuenta de la treta.

Pese a que no poseía prácticamente nada, Wojtyła invitaba siempre a su colaboradora doméstica a regalar lo que consideraba superfluo (incluso si se trataba de cosas que eran, de verdad, estrictamente necesarias). De vez en cuando le exhortaba: «Ve a mi dormitorio y ordena mis cosas personales. Tengo demasiadas. Deja para mí las que estén más gastadas y regala las mejores a los necesitados.» Lo cierto es que nunca había mucho de lo que deshacerse.

Una vez, durante la época en que todavía era auxiliar de Cracovia, y mientras se encontraba en el primer piso de la residencia de la calle Kanonicza, Wojtyła oyó unas voces procedentes de la planta baja. Bajó a ver lo que estaba sucediendo y oyó decir a la cocinera, la señora Emilia, que una persona pedía que le diesen alguna prenda de vestir. El obispo invitó a la mujer a seguirlo a su habitación, abrió el armario y le dijo: «Coge lo que te parezca y dáselo a ese hombre, por favor.» Acto seguido volvió a sus ocupaciones.

Siendo ya Pontífice, Wojtyła no moderó un ápice su actitud rigurosa. Por ejemplo, se opuso con firmeza a la sustitución de los muebles del apartamento del Vaticano, que se usaban ya en la época de Pablo VI y que estaban algo gastados. Sólo permitió varios cambios en la cocina, por motivos de seguridad. En el curso de unas vacaciones en Lorenzago de Cador, las hermanas franciscanas elisabetinas que se ocupaban de la estructura en la que se albergaba se dieron cuenta de que su ropa interior estaba tan remendada que le irritaba la piel. Así pues, tomaron la iniciativa de sustituirla por ropa interior nueva. Se llevaron una sorpresa cuando el Papa las regañó dulcemente por haberlo hecho. Mientras estuvo hospitalizado se comportó de la misma manera: si los calcetines que llevaba se agujereaban pedía que se los remendasen en lugar de cambiarlos, e invitaba a sus colaboradores a repartir los nuevos entre las personas que los necesitaban más que él.

En esta decisión de vivir la pobreza de forma integral

no había nada de artificioso. Karol Wojtyła actuaba de esta forma porque deseaba parecerse completamente a Cristo. Tal y como subrayó públicamente el cardenal Camillo Ruini, vicario de la diócesis de Roma en la época en que tuvo lugar el proceso de beatificación, también esta actitud tenía sus raíces en la profunda libertad interior que lo distinguía y que se concretizaba en su modo característico de relacionarse con las personas, con la creación y con todas las cosas materiales. El testimonio que ofrecía era emblemático, más aún, porque lo vivía auténticamente de forma interior, exento de cualquier posible veleidad de protagonismo.

Lo demuestra, entre muchísimos otros, un episodio poco conocido que tuvo lugar durante la visita pastoral a Brasil. Cuando se encontró con los fieles en la *favela* de Río de Janeiro, Juan Pablo II se quedó profundamente impresionado por la extrema pobreza en que vivía una familia. Así pues, se quitó el anillo del dedo y se lo regaló a la madre de los niños que se apiñaban alrededor de él. Se trataba del anillo de oro que Pablo VI le había regalado cuando había sido nombrado cardenal. Pese a ello no dudó de desprenderse de él, porque en ese momento era la cosa más valiosa que poseía. Durante el resto del viaje el cardenal secretario de Estado tuvo que prestarle el suyo.

UN PENSAMIENTO CREATIVO Y POÉTICO

La producción ensayística, literaria y poética de Karol Wojtyła es realmente desmesurada. La denominada magistral, esto es, la relativa al periodo del papado, llena decenas de volúmenes y —para dar una idea— equivale a casi veinte veces la Biblia. Durante la investigación canónica se llevó a cabo un profundo análisis de la misma en el que participaron varios expertos y cuyo fin era sacar a la luz sus principios esenciales. Esta atenta lectura permitió trazar el auténtico perfil espiritual de Wojtyła, y reveló —según opina uno de los teólogos interpelados— cinco ámbitos en su pensamiento y, en consecuencia, en su vida y actuación.

En primer lugar se encuentra el hombre inmerso en una estrecha relación con Dios a través de Jesucristo. Sólo en Dios puede comprenderse plenamente a sí mismo y es capaz de realizar su vocación de felicidad tanto terrena como celestial. La preocupación por los hombres, por su dignidad y sus derechos (la libertad, la justicia, el respeto de la vida desde la concepción a la muerte natural), es el tema clave de todos los escritos del Pontífice. En segundo lugar aparece el tema de la fe como única manera de interpretar y comprender el misterio del hombre, los acontecimientos que se producen a lo largo de su existencia, las situaciones que vive la Iglesia y el mundo. La fe es también una fuerza capaz de superar cualquier eventual dificultad que degrada la dignidad del hombre y esclaviza su libertad.

Basándose en la convicción de que la verdadera fe nace y se consolida a través del amor, para Juan Pablo II el tercer aspecto esencial es la caridad, que consiste en el amor heroico hacia Dios y hacia el hombre. Este amor confiere un sentido definitivo a la vida, genera la disponibilidad a perdonar, confiere esperanza en un futuro mejor, hace caer los muros de la enemistad y de cualquier prejuicio y odio, creando los cimientos de una civilización del amor. El amor auténtico no esclaviza sino que respeta la libertad y la dignidad del compañero. Por esa razón el cuarto tema clave es el diálogo, entendido como el único método válido y adecuado para hablar con nuestros semejantes en la común tensión que nos conduce a la verdad. La fuerza en el diálogo se obtiene gracias a la oración, el quinto tema, que es, por naturaleza el diálogo amoroso entre el hombre y Dios, clave a su vez para las relaciones humanas y fundamento de la fe, de la esperanza y de la caridad.

Como no podía ser menos, los discursos y los documentos del pontificado son los que tienen más relevancia. Ahora bien, la parte más original del pensamiento de Karol Wojtyła la constituyen, sin embargo, los textos que escribió fuera del ámbito magistral con el objetivo de concretizar una serie de significativas reflexiones e ideas que había ido madurando con el pasar de los años.

El análisis de los expertos destacó especialmente la creatividad de su pensamiento, además de una alta disciplina lógica y una gran erudición filosófica, teológica, histórica y literaria, con ese toque añadido que era fruto de su marcada sensibilidad poética. Entre las muchas que escribió se ha señalado en especial una obra como vértice simbólico de su recorrido ascético: *Señal de contradicción*, que recoge las meditaciones de los ejercicios espirituales que predicó al papa Pablo VI y a la Curia vaticana del 7 al 13 de marzo de 1976.

El título hace referencia al pasaje evangélico de la profecía de Simeón sobre Jesús recién nacido: «He aquí, éste está puesto para caída y para levantamiento de muchos en Israel, y para señal que será contradicha, para que sean revelados los pensamientos de muchos corazones» (Lucas 2:34-35). Un texto al que el cardenal Wojtyła asoció idealmente a Pablo VI que, por aquel entonces, era objeto de una creciente oposición ideológica incluso en el seno de la Iglesia católica. De esta forma, ese curso de ejercicios representó para Wojtyła la posibilidad de confortar en la fidelidad a Cristo al sucesor de Pedro, cuya difícil tarea consiste en confirmar a los hermanos en la fe.

Uno de los censores teólogos explicó: «El predicador retoma este tema con discreción y lo hace de forma particularmente conmovedora en la *Oración en el Getsemaní* en la que, en una atmósfera envuelta en la oración personal, va introduciendo gradualmente a los participantes en los ejercicios espirituales en el drama de la obediencia de Cristo al Padre y, a la vez, en el drama de la Iglesia que —debido a la debilidad humana de los apóstoles presentes en Getsemaní— no perseveró en la solidaridad con Cristo y lo dejó solo. A partir de ese momento el Señor pide sin cesar a la Iglesia que "recupere" en cierto sentido esa hora perdida velando en la oración que la une, de la manera más profunda, al Salvador, que está a punto de cumplir su misión redentora.»

El meticuloso trabajo de análisis efectuado sobre el *corpus* de obras ha permitido poner en evidencia como motivos inspiradores varios rasgos esenciales del perfil espiritual —y humano— de Juan Pablo II. La síntesis que sigue es iluminadora al respecto:

1. La constante conciencia de la presencia de Dios y el amor pleno hacia Él.

2. La fascinación del misterio de la persona humana (sobre todo de sus vías de maduración a través del amor) y el celo intransigente dedicado a su salvación.

3. El fuerte sentido de justicia y la sensibilidad por las necesidades de aquellos que han sufrido un agravio

social y de los que están en peligro (nascituri, pobres, jóvenes y enfermos).

4. La apertura al diálogo con cualquier persona, la disponibilidad para tomar en consideración cualquier crítica motivada y cualquier contribución valiosa de los demás, unida, sin embargo, a la firme voluntad de anunciar y defender la verdad: compacta, sin concesiones, incluso cuando es difícil y causa de oposición.

5. El respeto por la diversidad de vocaciones en la Iglesia y la consiguiente disposición a la colaboración, tanto con el clero como con los laicos.

6. La auténtica piedad, fuertemente radicada en la Sagrada Escritura y profundizada teológicamente; una devoción trinitaria que encuentra su armonioso complemento en la devoción mariana y en la veneración de los santos.

7. El sincero amor por la Iglesia, que se confirma tanto en la escrupulosidad con la que se intenta conocer sus enseñanzas (en especial el magisterio del Concilio Vaticano II) como en el diligente servicio prestado a la Iglesia local de Cracovia sin olvidar la apertura a las tareas de la Iglesia universal.

8. La laboriosidad, realmente incomparable.

9. La honestidad intelectual que se manifiesta en el enfoque honrado de todas las cuestiones y en el esfuerzo por presentar de manera clara su posición.

10. El elevado nivel cultura, que trasluce su estilo de hablar y de escribir.

En cualquier caso, conviene recordar que el papa Juan Pablo II siempre fue muy humilde en lo tocante a sus obras. Como no podía ser menos, recibía innumerables manifestaciones de aprecio, declaraciones de admiración y felicitaciones. Mas sólo los aceptaba en el ámbito de su misión pontifical y no de forma personal. Uno de los testigos del proceso, por ejemplo, contó que, cuando publicaron el libro *Karol Wojtyła Poemas,* le oyó comentar con ironía: «¡Si no fuese Papa nadie se ocuparía de editarlos!»

ILUMINAR EL CAMINO CON EL FUEGO DE LA ORACIÓN

La vida de Karol Wojtyła fue una síntesis admirable de acción y de oración. De ésta procedía la fecundidad de sus actuaciones. Quien recibió sus confidencias reveló que Juan Pablo II era consciente de que «la primera tarea que debe realizar el Papa a favor del mundo es rezar» y que «de la oración nacía en él la capacidad de decir la verdad sin temor, ya que el que está solo ante Dios no tiene miedo de los hombres».

En todas las circunstancias difíciles de su ministerio, o en los momentos históricos particularmente críticos, Juan Pablo II se entregaba a la oración para que ésta le iluminase el camino a seguir. Sus colaboradores recordaron que cuando se les pedía que sugiriesen soluciones para un problema y admitían que todavía no sabían qué hacer, Juan Pablo II, sereno y confiado, solía animarles exhortándoles: «La encontraremos rezando más.» Así, no era inusual que se reuniera con las personas que vivían en el apartamento pontificio y que fuese con ellas a la capilla a rezar. En una ocasión en que la situación era particularmente dramática, el Papa recitó en voz alta el Miserere.

Cuando se declaró el estado de sitio en Polonia, en la

noche entre el 12 y el 13 de diciembre de 1981, el papa Wojtyła convocó a varios monseñores polacos para que le pusiesen al corriente de la información que poseían. Uno de ellos contó: «Todos estábamos emocionalmente involucrados, las noticias no se filtraban, nos preguntábamos qué podía estar ocurriendo. Tras finalizar la cena el Santo Padre nos dijo mientras salía del comedor: "Tenemos que rezar mucho y esperar una señal de Dios." Luego, según tenía por costumbre, se retiró a la capilla a rezar.»

Lo mismo hacía antes de nombrar a un obispo destinado a una diócesis en dificultades o especialmente complicada. Sin ir más lejos, pocos meses antes de su muerte tuvo que elegir al arzobispo de una importante ciudad; se trataba de una decisión difícil, dado que los obispos no se ponían de acuerdo en el seno de la Congregación. El Papa escuchó toda la información y las valoraciones que le manifestaron y concluyó: «Dedicaré la misa a esta cuestión y después elegiré entre uno de los dos candidatos.»

Una noche, durante el periodo en que se estaba preparando la encíclica *Evangelium vitae,* que luego se publicó el 25 de marzo de 1995, tuvo lugar en la mesa una discusión muy encendida entre los comensales, dado que cada uno de ellos defendía su posición. El Pontífice los escuchó durante casi dos horas con paciencia y comprensión y al final dijo: «Está bien, ahora os podéis marchar a casa. Yo rezaré y mañana os daré una respuesta.»

Al margen de estos casos excepcionales, la oración constituía la fuente esencial de la que el papa Juan Pablo II extraía la energía espiritual que necesitaba para la vida cotidiana. Su ministerio sacerdotal se alimentaba de un continuo y extraordinario contacto con Dios del que siempre formaba parte la preparación para la celebración de la misa.

Se predisponía para la función matutina desde la noche antes recitando en latín las oraciones de preparación. Cuando se despertaba durante la noche recordaba el propósito al cual dedicaría la misa (todos los miércoles, por ejemplo, lo hacía a favor de la diócesis romana). «Cuando el Santo Padre llegaba a la sacristía —contó uno de los maestros de ceremonias—, se arrodillaba o, en los últimos años del pontificado, permanecía sentado en su silla y rezaba en silencio. La oración duraba diez, quince o incluso veinte minutos y daba la impresión de que el Papa no se encontraba presente. Llegado un momento levantaba la mano derecha y nosotros nos acercábamos para empezar a vestirlo en absoluto silencio. Estoy convencido de que Juan Pablo II se dirigía a Dios —mejor dicho, le hablaba— antes de dirigirse a la gente. Antes de representarlo pedía a Dios que le permitiese ser su imagen viviente entre los hombres. Lo mismo sucedía después de la celebración: nada más despojarse de los hábitos sagrados se arrodillaba en la sacristía y rezaba.» Un testigo daría esta descripción: «Se arrodillaba en la capilla privada en actitud de oración. De vez en cuando leía algo en una hoja que tenía delante y a continuación apoyaba la frente en las manos: saltaba a la vista que rezaba con mucha intensidad a favor de los propósitos escritos en esa hoja. Después leía algo más y rezaba de nuevo hasta que terminaba. Por último, se levantaba para ponerse los paramentos.»

«Yo no me conmuevo durante la misa, yo hago que suceda. Me conmuevo antes y después», confió un día Juan Pablo II a un amigo. Y muchos sacerdotes y obispos que tuvieron ocasión de concelebrar con él se dieron perfectamente cuenta: «Su misa era, a la vez, un momento de verdadero encuentro con Cristo inmolado y resucitado en el altar. Celebraba siempre con gran devoción y atención. Después de la liturgia de la palabra meditaba largamente en medio de un silencio absoluto. El Santo Padre no miraba a nadie, estaba absorto, y lo mismo sucedía después de la comunión, al final de la celebración eucarística. La adoración, que duraba mucho tiempo, nunca le pareció a nadie demasiado fatigosa: uno tenía la impresión de estar viviendo una experiencia que no era de este mundo.» Otro testigo resumió: «Llegué a la conclusión de que él tenía una percepción extraordinaria del misterio eucarístico que celebraba. En particular me impresionaba el modo en que recitaba la oración eucarística después de la consagración: era como si cargase sobre su espalda a toda la Iglesia y al mundo.» Por eso no fue casual que un embajador musulmán en la Santa Sede confiase a uno de sus amigos en el Vaticano durante la visita de despedida: «Excelencia, lo que más me ha impresionado en estos tres años que he transcurrido con ustedes no es su visión geopolítica del mundo, sino la manera en que el Papa reza durante las ceremonias públicas.»

UN TRASTERO COMO CAPILLA

«Estoy convencido de que Juan Pablo II había sido favorecido con una gracia especial para la oración que le consentía penetrar los misterios de la fe de una manera inaccesible para el hombre común —declaró uno de sus allegados—. En muchas ocasiones vi su rostro visiblemente cambiado y feliz después de la contemplación y de la adoración. Mientras rezaba parecía mantener una conversación ininterrumpida con Dios, similar al diálogo que Moisés sostenía cara a cara con el Señor. Durante la oración Wojtyła no se daba cuenta de lo que sucedía alrededor. Parecía perder el sentido del tiempo, hasta el punto de que el secretario debía hacerlo salir de esa profunda concentración porque debía atender otros compromisos.»

Cuando entraba en contacto con Dios, Juan Pablo II se sumergía en una dimensión privilegiada a la vez que se desvinculaba de cualquier percepción de la realidad. Un extrañamiento místico que ha descrito, entre otros, uno de sus amigos de juventud. Un día, a principios de los años setenta, comentó con él que, pese a su juventud, disfrutaba ya de una serie considerable de títulos. «Después, muy serio, le dije que el Señor Jesús había "resuelto" ya el problema de la redención del mundo a los treinta y tres años. Él respondió: "¡Eso era Él!", y se concentró en la oración. Ésta duró mucho tiempo, hacía frío y le dije que era hora de marcharnos, pero tuve que sacarlo de ese estado. Viví varias situaciones similares. La suya era una conversación directa con Dios, un estado de contemplación.»

Ya en los tiempos en que don Karol prestaba sus servicios en la parroquia de Niegowić los habitantes del pueblo decían que el joven sacerdote pasaba muchas noches delante del Santísimo y habían empezado a espiar afectuosamente sus vigilias: a menudo lo veían tumbado sobre el suelo, sin importarle el frío que pudiese hacer. Un amigo polaco que trabajaba en Roma tuvo que montar una plataforma de madera sobre el frío mármol de la capilla privada de su apartamento en el Vaticano, porque Wojtyła pasaba muchas horas tumbado en el suelo con los brazos abiertos en cruz. También el cardenal Pedro Rubiano, arzobispo de Cali, fue testigo de este insólito comportamiento. Una noche, durante un viaje pastoral a Colombia, el Papa estaba cansado y se despidió diciendo que se iba a descansar. Al cabo de un rato, el cardenal se dirigió a la capilla para verificar que todo estuviese preparado para el día siguiente y se encontró a Juan Pablo II rezando extendido en el pavimento.

No eran, sin duda, los impedimentos logísticos los que disuadían al Pontífice cuando éste sentía la urgencia de rezar, tal y como lo demuestran varios episodios tiernamente extravagantes.

En mayo de 1992, antes de celebrar la misa en la Feria de Pordenone, el Papa había ido un momento al cuarto de baño, pero tardaba en regresar al lugar que habían dispuesto como sacristía. Preocupado, uno de sus colaboradores fue a ver qué sucedía y, a través de la puerta entreabierta, pudo ver al papa Juan Pablo II, en la sala anterior al baño, rezando de rodillas delante de un lavabo. Otro testigo se encontró con el Papa absorto en oración cuando entró por error en uno de los trasteros de Castel Gandolfo.

Los que lo acompañaban en sus paseos o excursiones sabían de sobra que, nada más llegar a la meta, se charlaba con él durante unos veinte minutos y que después había que dejarlo solo. Wojtyła se apartaba de ellos y meditaba mientras contemplaba la naturaleza y la grandeza de Dios. Cuando viajaba de forma privada al santuario de la Mentorella pedía que lo dejasen a ocho kilómetros de distancia y subía a pie en silencio, rezando y meditando.

La adoración del Santísimo constituía para él un momento de total separación de lo contingente para abandonarse en manos del Señor. En Cracovia visitaba con frecuencia la iglesia de San José, que se encontraba en la calle Poselska, y en la que se realiza una adoración perpetua. En el Vaticano, cada vez que pasaba por delante de la capilla privada que había en su apartamento entraba en ella y se detenía delante de la eucaristía.

Con ocasión de un viaje pastoral, un nuncio colocó en una capilla un cuadro de Botticelli. Durante la cena le preguntó al Papa si le había gustado. Juan Pablo II le contestó que había entrado en la capilla por el tabernáculo y que ninguna obra de arte de cualquiera de los museos del mundo valía más. Monseñor Dino Monduzzi lo conocía bien, de forma que cuando era prefecto de la Casa Pontificia recomendaba siempre a los organizadores de las visitas que no hiciesen pasar al Santo Padre por delante del lugar donde se custodiaba la eucaristía, ya que entraría sin dudarlo (y no por poco tiempo) y alteraría el programa de la jornada.

Particularmente conmovedora fue la última celebración del *Corpus Domini* que presidió el Santo Padre en 2004. El Papa ya no podía andar, de forma que hubo que fijar su silla a la plataforma del vehículo dispuesto para la procesión. Delante de él, sobre el reclinatorio, se exhibía el ostensorio con el Santísimo Sacramento. Poco después de la partida, Juan Pablo II se dirigió a uno de los maestros de ceremonias y le preguntó si podía arrodillarse. Con delicadeza, éste le explicó que era demasiado arriesgado, dado que el recorrido era bastante accidentado y eso menguaba la estabilidad del vehículo. Pasados unos minutos el Papa repitió: «Quiero arrodillarme.» Le respondieron que esperase a que el firme fuese mejor. Unos instantes después Wojtyła exclamó resuelto, casi gritando: «Ahí está Jesús. Por favor.» Dado que no era posible contradecirlo, los dos maestros de ceremonias lo ayudaron a arrodillarse en el reclinatorio. Como no lograba sostenerse con las piernas, el Papa intentó sujetarse aferrándose al borde de aquél, pero, casi de inmediato, tuvieron que sentarlo de nuevo en la silla. Fue una gran demostración de fe: pese a que el cuerpo ya no le respondía, su firmeza y entereza de ánimo seguía intacta.

CON EL CORAZÓN CONSAGRADO A SU TIERRA

Íntimo diálogo con Dios, la oración era para Karol Wojtyła un nutrimento esencial incluso en las formas rituales que se sucedían a lo largo del día. Éstas se iniciaban a las cinco de la mañana, momento en que el Papa se encaminaba a su capilla para rezar hasta las seis. Después regresaba a su dormitorio, meditaba y a las siete volvía a la capilla para celebrar la misa. El acto matutino de consagración al Sagrado Corazón de Jesús suponía para él un momento vital de oración: en una hoja de papel, ya amarillento, que había doblado en forma de escapulario y que llevaba consigo a todas partes, Juan Pablo II había escrito de su puño y letra una oración que concluía con las palabras: «Todo para ti, Sagradísimo Corazón de Jesús.» El mediodía era el momento del Ángelus (que los domingos recitaba siempre con los fieles desde la ventana de la plaza de San Pedro), mientras que la jornada finalizaba con la Compieta. «No lo hacía de forma mecánica, pero era evidente que buscaba en esas oraciones el modelo y la fuerza para desempeñar sus tareas», comentó una religiosa de su *entourage*.

El padre del joven Karol, un sólido punto de referencia afectivo y guía de sabiduría y de espiritualidad en sus primeros veinte años de vida, había iniciado a su hijo en el amor por la oración. Él le inspiró la profunda devoción por el Espíritu Santo, que confirmaba a diario con una oración —descubierta recientemente— a la que permaneció fiel hasta sus últimos días: «Espíritu Santo, te pido el don de la sabiduría para poder comprenderte mejor, tanto a ti como a tu perfección divina. Te pido el don del intelecto para poder entender mejor la esencia de los misterios de la santa fe. Dame el don de la ciencia para que pueda orientar mi vida de acuerdo con los principios de la fe. Dame el don del consejo, para que pueda pedirte consejo en todo y pueda encontrarlo siempre en ti. Dame el don de la fortaleza para que ningún miedo ni motivación terrenos me puedan separar de ti. Dame el don de la piedad para que pueda servir siempre a tu majestad con amor filial. Dame el don del temor de Dios para que ningún miedo ni motivación terrenos me puedan separar de ti.»

A la influencia del padre se unió muy pronto la del sastre Jan Tyranowski, que confirió a su fe un vivo impulso místico y le hizo conocer los textos de san Juan de la Cruz y de san Louis-Marie Grignion de Montfort. Karol Wojtyła siempre agradeció inmensamente las conversaciones con él y este hecho lo indujo, tras ser nombrado Papa, a pedir a un amigo sacerdote polaco que iniciase su causa de canonización, un proceso que se abrió en 1997.

Las raíces de su devoción se hundían también en la religiosidad popular polaca, que no abandonó incluso cuando profundizó en su preparación teológica.

A Juan Pablo II le gustaba recuperar las tradiciones de su juventud siguiendo la liturgia anual, en especial los villancicos *Kolędy* y, en los domingos de Cuaresma, las funciones dedicadas a la Pasión de Jesús con el ciclo de himnos del siglo XVIII *Gorzkie Żle* (Amargo remordimiento). Todas las noches del mes de mayo tenía lugar la función religiosa mariana en la que se recitaban las letanías lauretanas, en tanto que en el mes de junio se cantaban las del Sagrado Corazón. Cuando la misa cotidiana se celebraba en polaco se acompañaba siempre de cantos relacionados con la fiesta correspondiente a ese día o al periodo del año litúrgico. Los que tomaron parte en ellas destacaron que «el Santo Padre se sabía de memoria y cantaba un sinfín de estrofas, mientras que los demás, para seguirlo, debían ayudarse con los libros».

En particular se conmovía cada vez que recitaba la Letanía de la nación polaca y la Oración por la patria del padre Piotr Skarga, con las siguientes invocaciones: «Reina de Polonia, Virgen de Jasna Góra, Virgen de Kalwaria, Virgen de Myślenice, Virgen de Rychwald, Virgen de Ostra Brama, Madre de todos los santuarios polacos, ruega por nosotros. Madre, da fuerzas a los que defienden la vida, a los que están al servicio de la vida a pesar de las dificultades, a los que rezan para que se respete la vida. Madre del Amor Sublime, Madre de la vida y Esperanza nuestra, ruega por nosotros.»

PRÁCTICA DE LAS VIRTUDES INSPIRADO EN LOS SANTOS

El Santo Padre no descuidaba la oración y las prácticas cotidianas de devoción ni siquiera cuando efectuaba sus viajes apostólicos. Tras las largas jornadas de celebraciones y de encuentros, cuando regresaba a la Nunciatura pedía a su secretario que le diese el Breviario —en caso de que no hubiese logrado recitarlo durante uno de los desplazamientos— y se encaminaba de inmediato a la capilla. Y, en el supuesto de que una festividad litúrgica de relieve le impidiese celebrar el santo del día, no dejaba de hacerlo apenas podía. Sentía por los santos una veneración especial. Todas las mañanas, al salir del refectorio después de desayunar, atravesaba la sacristía y besaba todas las reliquias que había sobre una mesita junto al altar. Al lado de un trozo de la verdadera cruz, se exhibían restos del cuerpo de san Pedro, de san Stanisław, de san Carlos Borromeo, de santa Eduvigis reina y de muchos otros beatos y santos. En el último periodo de su vida, cuando ya se desplazaba en silla de ruedas, pedía que lo llevasen ante estas reliquias para venerarlas.

Deseoso de ofrecer a los fieles un variado mosaico de modelos a imitar, durante el pontificado Juan Pablo II proclamó 483 santos y 1.345 beatos. Guardaba la biografía de todos ellos en dos gruesas carpetas que había en su dormitorio, y las leía a menudo para inspirarse en la práctica de las virtudes.

Entre los miles de mujeres y hombres de Dios que elevó al honor de los altares la figura que más apreciaba fue, probablemente, la de la religiosa polaca Faustina Kowalska (1905- 1938), apóstol de la devoción a la Divina Misericordia. La mujer había transcurrido gran parte de su vida encerrada en un convento, donde murió a la temprana edad de treinta y tres años, de forma que Karol Wojtyła no tuvo ocasión de conocerla. No obstante, las páginas de su *Diario*, en las que la religiosa describe las revelaciones sobre la Divina Misericordia que había recibido directamente de Jesús, impresionaron vivamente al joven obispo.

Tal y como explicó él mismo en la homilía del 7 de junio de 1997, «siempre he sentido cercano y me ha gustado el mensaje de la Divina Misericordia. Es como si la Historia lo hubiese inscrito en la trágica experiencia de la Segunda Guerra Mundial. En esos años difíciles fue un apoyo y una inagotable fuente de esperanza, no sólo para los habitantes de Cracovia, sino para todo el país. Ésa fue también mi experiencia personal, que llevé conmigo a la Sede de Pedro y que, en cierto sentido, constituye la imagen de este pontificado». Aún más emblemática es la revelación que hizo a los fieles el 16 de octubre de 2003, en el curso del vigésimo quinto aniversario de su elección al pontificado, cuando recalcó: «Fue necesario recurrir a la Divina Misericordia, para que a la pregunta: "¿Aceptas?", pudiese responder con confianza: "En la obediencia de la fe, ante Cristo Señor mío, entregándome a la Madre de Cristo y a la Iglesia, consciente de las grandes dificultades, acepto."»

Según explicó uno de sus colaboradores de los años de Cracovia, Karol Wojtyła «consideraba que el amor de Dios por el hombre asume una forma especial en el gesto de la misericordia, en la asistencia al hombre, al pecador, al infeliz y a la víctima de la injusticia. Nos hizo comprender la necesidad de tener una esperanza profunda que deriva precisamente de la comprensión de la misericordia de Dios y que debe asumir una doble forma muy precisa: por un lado hay que confiar en la misericordia divina, por otro es necesario tener un profundo sentimiento de responsabilidad para ponerse al servicio de los hermanos y de las hermanas con dicha misericordia».

Cuando era ya Pontífice, Juan Pablo II dedicó además la segunda encíclica, la *Dives in misericordia*, de 1980, al tema del amor misericordioso de Dios, en prueba de la fuerte relación que él establecía entre este atributo divino y la redención llevada a cabo por Jesucristo a través de la encarnación (tema de su primera encíclica, la *Redemptor hominis,* de 1979). Y el hecho de que el papa Wojtyła muriese la noche del sábado 2 de abril de 2005, cuando la liturgia ya había empezado a celebrar, precisamente, la fiesta de la Divina Misericordia (que él había introducido en el calendario el domingo sucesivo a la Pascua de acuerdo con la indicación explícita que Jesús había hecho durante su aparición a sor Faustina Kowalska) es una de esas coincidencias que la fe lleva a considerar como una señal divina, un premio al «siervo de la fe».

LA PROFECÍA DEL PADRE PIO

Esta plena confianza en la misericordia divina va unida a un sincero sentimiento de caridad hacia el prójimo. Al principio de su pontificado, Juan Pablo II ordenó que le entregasen todas las cartas que contuviesen un ruego especial, a fin de poder recordarlas durante la celebración de la eucaristía. Consideraba los problemas de las familias y de las personas como cuestiones íntimas propias y pedía en todo momento información sobre la evolución de cada caso en particular.

Durante las audiencias generales, cuando se nombraba a los grupos presentes, Juan Pablo II rezaba por cada uno de ellos y a menudo daba la impresión de estar ausente. De igual forma, en el transcurso de los encuentros con las multitudes que se formaban durante sus viajes pastorales sus labios se movían casi imperceptiblemente en una oración silenciosa, tal y como se puede apreciar sin problemas en los primeros planos televisivos.

Su afectuosa preocupación por toda la humanidad tuvo una emblemática manifestación en un episodio ocurrido en el monasterio de Tours durante la visita que realizó a Francia en septiembre de 1996. Al finalizar el encuentro Wojtyła pidió a cada una de las religiosas que se presentaba para rendirle homenaje que rogasen por un determinado país del mundo. Tal y como observó un testigo: «Había algo en él que recordaba una actitud de santa Teresa de Ávila: una suerte de miedo a salvarse dejando a alguien condenado eternamente. Él esperaba por todos, confiando en la palabra de Jesús, quien dijo, según se puede leer en el Evangelio de Juan, que llamaría a todos.»

En este contexto se enmarca la marcada influencia que ejerció en la formación espiritual de Karol Wojtyła un gran místico del siglo XX, el padre Pio da Pietrelcina (1887-1968), el primer sacerdote estigmatizado de la historia. Entre ellos existía una profunda relación, tal y como se deduce de una carta inédita que el entonces obispo auxiliar de Cracovia remitió al padre Pio el 14 de diciembre de 1963, y que sólo ha aparecido recientemente gracias a las investigaciones realizadas por la Comisión histórica.

El texto, escrito en italiano (y que concluye con la solicitud de apoyo para la situación pastoral en Cracovia que se cita en el primer capítulo), dice: «Reverendo Padre, Su Paternidad recordará, sin lugar a dudas, que en el pasado ya me he permitido encomendar a sus oraciones ciertos casos especialmente dramáticos y dignos de atención. Así pues, me gustaría agradecerle vivamente, también en nombre de los interesados, sus oraciones a favor de una señora, médica católica, enferma de cáncer, y del hijo de un abogado de Cracovia que padece una grave enfermedad desde su nacimiento. Gracias a Dios, ambas personas se encuentran ahora bien. Me permito también, Reverendo Padre, encomendar a sus oraciones a una señora paralítica de este arzobispado. Al mismo tiempo me permito encomendarle las inmensas dificultades pastorales a las que se enfrenta mi pobre tarea en la presente situación. Aprovecho la ocasión para manifestarle una vez más mi veneración religiosa con la cual amo confirmar Su Paternidad devotísima en Jesucristo.»

Del caso de la doctora Wanda Półtawska, que se curó de forma prodigiosa de un cáncer cuando los médicos le habían negado cualquier esperanza de vida, se conocían ya los detalles gracias a una primera carta del 17 de noviembre de 1962 en la que Wojtyła pedía al capuchino que rezase por la curación de la mujer, y a una segunda del 28 de noviembre siguiente en la que le manifestaba todo su agradecimiento dado que, cuando se llegó a realizar la operación, la masa tumoral había desaparecido. Del caso del hijo del abogado y del de la mujer paralítica que se citan en esta nueva carta, en cambio, jamás se había oído hablar. Por otra parte, un testigo del proceso de beatificación contó que ya en 1957 don Wojtyła le había sugerido que escribiese al padre Pio para pedirle que rezase a favor de un familiar que estaba gravemente enfermo.

El comendador Angelo Battisti, responsable administrativo de la Casa de Alivio del Sufrimiento y empleado en la Secretaría de Estado vaticana, fue el que entregó y leyó al padre Pio la primera carta referente a Półtawska. El capuchino se encontraba delante de la habitación número cinco del convento. Cuando terminó de leerla apoyó la espalda en la jamba izquierda de la puerta y, dirigiéndose a Battisti, dijo contento: «¡A éste no puedo decirle que no!»

Pero ya antes, cuando en 1947 el joven Wojtyła había viajado hasta San Giovanni Rotondo para conocerlo, el padre Pío se había comportado de forma inusual con él: mientras subía a su celda, después de las confesiones, se volvió y guiñó un ojo a un seminarista que era, además, su hijo espiritual, indicándole al sacerdote extranjero con un ademán de la cabeza. Poco tiempo después, mientras hablaban del futuro de la Iglesia, el mismo seminarista describió a un Papa polaco que estaba destinado a ser «un gran pescador de hombres» y a su sucesor, un Papa «que confirmaría ampliamente a los hermanos» (y que se debe identificar con el actual Benedicto XVI).

En esa ocasión, Wojtyła se confesó con el capuchino, tal y como refirió en la homilía de la ceremonia de su canonización: «El padre Pío fue un dispensador de la misericordia divina, sobre todo a través de la administración del sacramento de la penitencia. Yo también tuve el privilegio, durante mis años juveniles, de beneficiarme de su disponibilidad hacia los penitentes.» Durante la confesión se dio cuenta de que el fraile tenía el don de ser un verdadero guía espiritual, y más tarde intercambió con él alguna confidencia, aunque, por encima de todo, quiso saber cuál de sus estigmas le causaba mayor sufrimiento. La respuesta del capuchino fue que el más doloroso era el que se encontraba a la altura del hombro, en el punto donde Jesús había transportado la cruz. Se trataba de una llaga de la que no se supo nada hasta la muerte del padre, cuando el hermano fray Modestino descubrió una camiseta con una gran mancha de sangre en el hombro derecho.

Un testigo que tuvo una audiencia con Juan Pablo II tras haber tomado parte en una misa en su capilla privada contó un episodio insólito. En un momento dado de la conversación había tenido la impresión de que el rostro del Pontífice se desvanecía y que, en su lugar, aparecía la imagen benévola del padre Pío. Cuando reveló esta experiencia al Papa, éste le respondió con sencillez: «Yo también lo veo.»

«CONVERSANDO» CON MARÍA

Sin lugar a dudas, es fundado pensar que Juan Pablo II estaba dotado de una percepción extraordinaria de lo sobrenatural. Mientras razonaban sobre las apariciones marianas, un miembro de su *entourage* le preguntó en una ocasión si había visto a la Virgen. La respuesta del Papa fue tajante: «No, no la he visto, pero la siento.»

La «camaradería» de Karol con María se remontaba, de hecho, a sus primeros instantes de vida: en el momento del parto, el 18 de mayo de 1920, la madre del Pontífice pidió a la comadrona que abriese una ventana de la habitación para que los primeros sonidos que oyese el recién nacido fuesen las canciones en honor a la Virgen que, en ese preciso momento, llegaban hasta allí procedentes de la parroquia más próxima, donde se estaba celebrando la función vespertina del mes mariano.

Cuando tenía quince años, en 1935, Karol fue admitido en la congregación mariana, si bien en 1933 pertenecía ya al grupo de candidatos. Posteriormente fue elegido presidente de la Congregación mariana estudiantil del colegio de secundaria masculino Marcin Wadowita de Wadowice.

Desde entonces Wojtyła mantuvo varias manifestaciones exteriores de su pertenencia a la Virgen, como la

costumbre de tener la corona del rosario permanente-
mente enrollada alrededor del brazo durante el día y sobre la mesilla que había junto a su cama durante la noche, o el escapulario de la Virgen del Carmelo colgado
del cuello (escapulario que manchó con su sangre durante el atentado de 1981 y del cual no quiso separarse ni siquiera en el quirófano). Ya en la época en la que estudiaba en el Colegio belga, esto es, a mediados de los años
cuarenta, su devoción lo empujaba a detenerse a rezar
delante de las denominadas «virgencitas» romanas, los
templetes votivos con imágenes o bajorrelieves de la Virgen. Y lo indujo después, con ocasión de la fiesta de la
Inmaculada Concepción de 1981, a bendecir el mosaico
de María *Mater Eclesiae* (Madre de la Iglesia) que hay en
la pared del Palacio apostólico que da a la plaza de San
Pedro: por fin la Virgen podía figurar también entre las
numerosas imágenes de los apóstoles y de los santos
que, durante tantos siglos, han adornado la basílica vaticana y la columnata de Bernini.

El cardenal Deskur contó que cuando había sido
nombrado arzobispo de Cracovia Wojtyła había encontrado el seminario diocesano poco menos que vacío y
que, por esta razón, había decidido pronunciar un voto a
la Virgen: «Haré tantas peregrinaciones a pie a todos los
santuarios, pequeños o grandes, próximos o lejanos,
como número de vocaciones me concedas cada año.» De
repente, el seminario empezó a llenarse de nuevo, hasta
el punto de que, cuando el arzobispo abandonó Cracovia
por el trono de Pedro, tenía quinientos alumnos. Esta sagrada promesa a la Virgen era uno de los motivos de que
Juan Pablo II insistiese para que las visitas programadas
durante sus viajes pastorales incluyesen siempre un lugar
de culto mariano. En Cracovia rezaba por los problemas

de la diócesis del vecino santuario de Kalwaria Zebrzydowsa, al que llegaba a pie sin importarle que los caminos estuviesen cubiertos de barro o de nieve, de manera
que su chófer acabó teniendo siempre listas un par de
botas de goma. El arzobispo aseguraba que después de
sus «conversaciones» con la Virgen encontraba inexpli-
cablemente la solución a cualquier problema.

El otro lugar mariano al que estaba particularmente
afeccionado era el santuario de Częstochowa. Un testigo
italiano que asistió al último viaje a Polonia de Juan Pablo II recordó: «La capilla donde se encuentra la Virgen
es muy pequeña. Mientras buscaba un sitio donde arrodillarme, me di cuenta de que estaba tan cerca del Santo
Padre que casi podía tocarlo. Él estaba rezando. Llegado
un momento empezó a hacerlo poco menos que en voz
alta. No sé qué se dijeron. ¡Pero fue una conversación
extraordinaria! Parecía que no iba a acabar nunca. Ese
encuentro con su "madre" alteró todo el programa de la
visita. De ese viaje recuerdo en especial la conversación.
Pese a que no entendí una palabra. O, quizá, las comprendí todas.»

La intensidad y la concentración con las que se dirigía a María conferían al Papa, a ojos de quienes lo obser-
vaban, un aura casi sobrenatural. Uno de sus invitados a
Castel Gandolfo durante las vacaciones estivales contó que, después de recitar el rosario con él en el jardín,
«Juan Pablo II se encaminaba a la estatua de la Virgen de
Lourdes y me pedía que me alejase un poco, si bien yo
lo hacía de forma que pudiese seguir viéndolo. Se detenía durante, al menos, media hora para rezar de nuevo y
daba la impresión de que su persona se transformaba incluso físicamente». El rosario, como él mismo reconó-
cía, era su oración preferida: «Nuestro corazón puede

agrupar en las decenas del rosario todos los hechos que componen la vida de una persona, de la familia, del país, de la Iglesia y de la humanidad. La sencilla oración del rosario late al ritmo de la vida humana.»

«Tras una conversación con el Papa —recordó otro testigo— tuve la suerte, mejor dicho, el don, de oír cómo me decía: "Vamos a rezar el rosario, ¿quiere venir con nosotros?" Lo seguí a la terraza de su apartamento y de esa forma pude entender el valor de ese rosario: se trataba de un momento de vigilia por su diócesis, por toda la Iglesia, por el mundo y por los que sufren. "¡Mire!", me decía a veces entre un misterio y otro indicándome los edificios del Vaticano y de Roma. A un cierto punto me dejó petrificado cuando me dijo: "Allí, en ese edificio, vive usted." Después recorrió la ciudad con la mirada. Veía todo, sabía todo. "Yo conozco mejor Roma…", afirmaba risueño.»

«SI NO FUESE PAPA ESTARÍA CONFESANDO EN MEDJUGORJE»

Su devoción por María se incrementó vivamente cuando se aclaró que el tercer secreto de Fátima hacía alusión al atentado de 1981. Muchos testigos de su entorno confirmaron que el Papa relacionaba este dramático suceso con las apariciones de la Reina de la Paz en Medjugorje, en la ex Yugoslavia, que habían empezado a producirse en junio de ese mismo año. Una ulterior confirmación de este vínculo fue, para los creyentes, el mensaje que dirigió a los fieles marianos el 25 de agosto de 1994, durante los días en que se preparaba el viaje pastoral del Papa a Croacia, previsto para los días 10 y 11 de septiembre: «Queridos hijos, hoy me uno a vosotros en la oración de una manera especial, rogando por el don de la presencia de mi amado hijo en vuestra patria. Rezar, hijos míos, por la salud de mi hijo predilecto, que sufre, *pero al que yo he elegido para estos tiempos.*»

Si bien jamás adoptaba una posición oficial cuando se producían dichas apariciones, el Papa no ocultaba en privado su convicción. A monseñor Murilo Sebastião Ramos Krieger, arzobispo de Florianopolis (Brasil), que estaba a punto de viajar por cuarta vez al santuario de la Reina de la Paz, le confirmó: «¡Medjugorje es el centro espiritual del mundo!» En 1987, en el curso de una breve conversación, Karol Wojtyła hizo a la vidente Mirjana Dragicevic la siguiente confidencia: «Si no fuese Papa estaría confesando en Medjugorje.» Un deseo que corrobora el testimonio del cardenal Frantisek Tomasek, arzobispo emérito de Praga, quien le oyó decir que, de no haber sido Papa, le habría gustado ir a Medjugorje para ayudar a los peregrinos.

Aún más elocuentes son, a este propósito, las palabras que escribió el obispo de San Ángel (Estados Unidos), monseñor Michael David Pfeifer, en su carta pastoral de 5 de agosto de 1988 a la diócesis: «Durante mi visita *ad limina* con los obispos de Texas, pregunté al Santo Padre qué opinaba de Medjugorje en el curso de una conversación privada. El Papa habló favorablemente de él y dijo: "Afirmar que en Medjugorje no ocurre nada significa negar el testimonio viviente y orante de los miles de personas que han estado allí."»

Al 26 de marzo de 1984 se remonta, en cambio, un episodio que recordó el arzobispo eslovaco Pavel Hnilica, uno de los prelados más próximo al Pontífice. Una vez en que fue a comer con Juan Pablo II para ponerlo al corriente de una misión secreta que debía desempeñar en Moscú —celebrar clandestinamente la misa entre las murallas del Kremlin— éste le preguntó: «¿Después fuiste a Medjugorje, Pavel?» Cuando le dijo que no lo había hecho, dado que ciertas autoridades vaticanas le habían manifestado su desaprobación, el Papa le pidió: «Ve de incógnito y vuelve para contarme lo que has visto.» Después lo llevó a su biblioteca privada y le enseñó un libro del padre René Laurentin en el que figuraban varios mensajes de la Reina de la Paz mientras le comentaba: «Medjugorje es la continuación de Fátima, es la realización de Fátima.»

Tras la muerte de Juan Pablo II, sus amigos Marek y Zofia Skwarnicki pusieron a disposición las cartas que éste les había remitido y en las que abundaban las referencias a Medjugorje. El 28 de mayo de 1992 el Pontífice escribió a los cónyuges: «Agradezco a Zofia todo lo concerniente a Medjugorje. Yo también visito a diario ese lugar cuando rezo: me uno a todos los que oran allí y reciben desde allí la llamada a la oración. Hoy comprendemos mejor esta llamada.»

EN SEÑAL DE SUFRIMIENTO

La marcada inclinación mística de Juan Pablo II encontraba su plena manifestación en la manera en que vivía y concebía el sufrimiento como una forma de expiación y como una forma de entrega personal a la humanidad. Las palabras que pronunció cuando lo operaron de apendicectomía en 1996 lo revelan con toda claridad: «Durante estos días de enfermedad tengo la posibilidad de comprender mejor el valor de los servicios que el Señor me ha llamado a prestar a la Iglesia como sacerdote, como obispo y como sucesor de Pedro: todo ello guarda también relación con el don del sufrimiento.» En realidad, ya un par de años antes, el 25 de mayo de 1994, cuando regresó al Vaticano después de haber permanecido hospitalizado a causa de una fractura de fémur, había dado esta límpida interpretación a su dolor: «Quiero agradecer este don, he comprendido que es un don necesario. El Papa debía estar ausente de esta ventana durante cuatro semanas, cuatro domingos, debía sufrir este año como tuvo que sufrir hace trece años.»

El suyo fue realmente un pontificado marcado por el sufrimiento: a partir de la dramática fecha del 13 de mayo de 1981 transcurrió ciento sesenta y cuatro días en el policlínico Gemelli, que él mismo definió irónicamente como «el Vaticano número tres», después de la plaza de San Pedro y de Castel Gandolfo. A los primeros veintidós días posteriores al atentado se añadieron otros cincuenta y seis para curar una infección de citomegalovirus y para efectuar una nueva operación. Diez años después se subsiguieron cuatro hospitalizaciones más: quince días en 1992 para la extirpación de un tumor benigno en el intestino; dos días en 1993 por una luxación en el hombro derecho que lo obligó a ir vendado durante un mes; treinta días en 1994 por la fractura del fémur derecho ocasionada por una caída en el baño; diez días en 1996 para ser sometido a una operación de extracción del apéndice. Por último, fueron necesarias otras dos hospitalizaciones, por un total de veintiocho días, entre febrero y marzo de 2005, para practicarle una traqueotomía, dado que apenas podía respirar de forma autónoma debido a una laringotraqueitis.

Cualquier problema físico era para él un motivo de

meditación personal: «Me pregunto qué quiere comunicarme Dios con esta enfermedad», respondió en una ocasión a un médico que le había preguntado cómo se encontraba. Pero, más allá del significado que atribuía a la suya, lo que ofrecía al Papa un tema privilegiado de reflexión era el sufrimiento ajeno, al que, en febrero de 1984, dedicó la carta apostólica *Salvifici doloris*. En estas páginas el Pontífice confirma el valor salvífico del sufrimiento comparándolo con la experiencia humana de Jesús, cuya venida a la Tierra «pese a toda la alegría que comporta para la humanidad, está indisolublemente vinculada al sufrimiento». En Cristo, «el dolor recibe una nueva luz que lo eleva de la simple o negativa pasividad a una positiva colaboración con la obra salvífica». En su dimensión evangélica el sufrimiento «no es un desperdicio de energía, dado que el amor divino lo transforma».

Sin desconocer la importancia de sus reflexiones teológicas sobre el tema, la confidencia que hizo a un amigo expresa su plena conciencia del valor inconmensurable que asume el sufrimiento cuando uno lo padece: «He escrito numerosas encíclicas y cartas apostólicas, pero me doy cuenta de que sólo con mi sufrimiento puedo contribuir a ayudar mejor a la humanidad. Piense en el valor que tiene el dolor padecido y ofrecido con amor...» Durante una celebración en San Pedro, uno de los maestros de ceremonias se percató de la grave expresión de dolor que el Pontífice tenía en el rostro y le preguntó: «¿Puedo ayudarle en alguna forma, Santidad? ¿Le duele algo, quizá?» El Papa le respondió: «A estas alturas me duele todo, pero debe ser así.»

El hecho de que confiriese un sentido al dolor no implicaba que el Papa pensase que no había que aliviarlo y asistir al que lo padece. Si «la cruz es la primera letra del alfabeto de Dios», afirmó, de hecho, eso no conlleva que la dimensión cristiana del sufrimiento «se reduzca tan sólo a su significado profundo y a su carácter redentor». El dolor debe «generar solidaridad, dedicación y generosidad en todos los que sufren y en los que se sienten llamados a asistirles y a ayudarles en su sufrimiento». Una llamada dirigida a todos los hombres, dado que «ninguna institución puede sustituir por sí sola el corazón y la compasión humanos a la hora de enfrentarse al sufrimiento físico». Por esa razón quiso convertir la Jornada mundial del enfermo, que se instituyó por iniciativa suya en 1992 y que desde entonces se celebra todos los 11 de febrero, coincidiendo con la memoria litúrgica de Nuestra Señora de Lourdes, en una ocasión para meditar sobre el dolor y para exhortar a la solidaridad con los que lo padecen.

EL VÍA CRUCIS EN EL PASILLO

Cuando no era una enfermedad la que lo hacía vivir la experiencia del dolor, era él mismo el que infligía a su cuerpo molestias y mortificaciones. Además de los ayunos, que efectuaba con extremo rigor, sobre todo durante la Cuaresma, periodo en que reducía la alimentación a una sola comida completa al día, también se abstenía de comer antes de conferir ordenaciones sacerdotales y episcopales. Y a menudo pasaba la noche desnudo y tumbado en el suelo. El ama de llaves que tenía en Cracovia se dio cuenta de ello, pese a que el arzobispo deshacía la cama para disimular. Pero no se limitaba a esto. Tal y como pudieron oír los miembros de su *entourage* tanto en Polonia como en el Vaticano, Karol Wojtyła se flagelaba. En su armario, en medio de las túnicas, tenía colgado un cinturón especial para pantalones que utilizaba como látigo y que se llevaba siempre a Castel Gandolfo.

Se trataba de una práctica que no manifestaba la voluntad de Wojtyła de castigar a su cuerpo, don de Dios, sino que más bien formaba parte de la tradición cristiana y, sobre todo, de la ascesis de los carmelitas (que tenían por costumbre rezar el Miserere con los brazos en cruz y se flagelaban con el cinturón del hábito monástico), y a la que permaneció fiel durante toda su vida. Según escribió el cardenal Carlo Maria Martini, comentando precisamente esta noticia, «la ascesis consistía en pequeñas penitencias que no eran perjudiciales para el cuerpo; así pues, no hay que pensar en una suerte de autolesionismo o de masoquismo».

«Completo en mi carne lo que falta a los padecimientos de Cristo, a favor de su Cuerpo, que es la Iglesia», escribió san Pablo en la Carta a los colonicenses (1:24). Karol Wojtyła convirtió estas palabras en un elemento clave de su testimonio de fe. Cuando sufría mucho, por ejemplo, en las fases postoperatorias, solía decir: «Hay que reparar todo lo que tuvo que sufrir el Señor Jesús.» Lo mismo repetía en las horas extremas de su enfermedad, cuando tenía sed y no se le podía dar de beber.

Todos los viernes el Pontífice renovaba simbólicamente el calvario de Cristo, a la luz del cual encuadraba su propio sufrimiento, con la práctica del Vía crucis. En el Vaticano Wojtyła lo celebraba en su capilla privada, o en la terraza que había sobre el apartamento papal que, con el pasar del tiempo, se transformó en una auténtica capilla al aire libre adornada con flores y plantas. No obstante, la capilla de Castel Gandolfo no tenía las estaciones, de forma que el Papa rezaba secretamente delante de las litografías con la representación del Vía crucis que había descubierto por casualidad en un pasillo cercano al comedor, que no se solía utilizar.

En el curso de un viaje pastoral una persona de su séquito se percató de hasta qué punto estaba arraigada en el Papa la fidelidad a esta práctica de devoción: «Habíamos subido al helicóptero que nos iba a llevar de Jerusalén a Galilea y era un viernes. Noté que el Papa no miraba por la ventanilla, y que tenía en la mano un libro sin tapas. Leía una página y a continuación rezaba, leía otra y volvía a recogerse en oración. Mirándolo por el rabillo del ojo me di cuenta de que estaba haciendo el Vía crucis porque ese día se enfrentaba a un programa muy cargado y temía no poderlo hacer en la capilla como solía tener por costumbre.»

Una fidelidad, la suya, que permaneció firme hasta el final de sus días. El día antes de morir, el 1 de abril de 2005, hacia las diez de la mañana, Juan Pablo II intentó decir algo a las personas que lo rodeaban y éstas no lograron entenderlo. La fiebre alta y la extrema dificultad para respirar le impedían casi por completo articular palabra. Por ese motivo le llevaron un folio y un bolígrafo. El Papa escribió que, dado que era viernes, quería hacer el Vía crucis. Una de las monjas presentes empezó entonces a leerlo en voz alta mientras él, no sin esfuerzo, se hacía la señal de la cruz cada vez que iniciaba una de las estaciones.

Epílogo

Un tributo a la verdad

El 2 de abril de 2005 me encontraba en la plaza de San Pedro junto a miles de fieles. Cuando, a las 21.27, difundieron la noticia de la muerte de Juan Pablo II, sentí nacer en mí un gran deseo de gritar «Ha muerto un santo», al igual que, a finales del siglo XVIII habían hecho los niños romanos mientras corrían por las calles de la ciudad tras la muerte de Benedetto Giuseppe Labre. Una parte de mí, quizá, pensaba que si esa aclamación se había tornado coral, que si todos los fieles que se habían agrupado allí se hubiesen unido a mi grito, la canonización se habría proclamado abiertamente. El luminoso testimonio de fe que dio Juan Pablo II a lo largo de los años, la posesión y la práctica de las virtudes a sumo nivel, la elección de cargar con la cruz del sufrimiento hasta el final de sus días y el amor solícito por el prójimo eran ya, a ojos de todos, unos rasgos intrínsecos de su figura de hombre y pastor, y deponían, sin lugar a dudas, a favor de su inclusión inmediata en el círculo de los santos.

En cambio, permanecí en silencio y he de reconocer

que me arrepentí un poco. No obstante, estoy convencido de que la celebración del proceso fue útil: fue mucho más que el mero examen burocrático de una existencia, mucho más que un opaco «recuento» de sus méritos bajo una mirada fríamente indagatoria. Al contrario, permitió restituir la intensidad y el vigor de los aspectos ya conocidos de la vida del papa Wojtyła, taraceando la trama con episodios inéditos aportados por aquellos que los conservaban intactos en la memoria.

Muchos se sintieron llamados por el edicto promulgado por el cardenal Camillo Ruini el 18 de mayo de 2005, el día en que Wojtyła habría cumplido ochenta y cinco años. Con esta exhortación el vicario de Su Santidad para la diócesis de Roma invitaba a los fieles a «comunicar todas las noticias de las que se puedan de alguna forma extraer elementos favorables o contrarios a la fama de santidad del siervo de Dios» y a «presentar cualquier escrito que tenga como autor al siervo de Dios». Así pues, el 28 de junio siguiente, vigilia de la fiesta de los santos Pedro y Pablo, se abrió en Roma la investigación diocesana sobre la vida, las virtudes y la fama de santidad del papa Wojtyła. Varios meses más tarde el nuevo arzobispo de Cracovia, el cardenal Stanisław Dziwisz, ofreció la misma posibilidad de testimonio a los fieles polacos, inaugurando de esta forma el proceso rogatorio diocesano el 4 de noviembre, día en que se celebra san Carlo Borromeo y, por tanto, el santo del Papa. A los de Roma y Cracovia se unió por último el proceso rogatorio de Nueva York con el objetivo de recoger el testimonio de un ciudadano estadounidense.

En total se escuchó a ciento catorce personas: treinta y cinco cardenales, veinte arzobispos y obispos, once sacerdotes, cinco religiosos, tres monjas, treinta y seis laicos católicos, tres no católicos y un judío. Sus declaraciones, unidas a otros documentos y escritos, llenaron los miles de páginas de la llamada *Copia pública*, de la que se extrajeron los cuatro volúmenes de síntesis de la *Positio*. Unas cifras importantes. A las declaraciones recogidas en el tribunal, de hecho, se fueron añadiendo gradualmente las que contenían las innumerables cartas que los fieles remitieron a la Postulación. Muchos de estos escritos, sobre todo los que se remontaban a los momentos inmediatamente posteriores a la muerte de Juan Pablo II, manifiestan un gran agradecimiento a Dios por habernos concedido a este gran Papa. Otras contienen, en cambio, testimonios conmovidos de las gracias recibidas, y cuentan casos de curaciones espirituales o físicas atribuidas a la intercesión del papa Wojtyła.

Recopilar y evaluar todo este material, además de escuchar a los testigos que intervinieron en el proceso supuso, tanto para mí como para mis colaboradores, un trabajo ímprobo, aunque, sin lugar a dudas, indispensable. De hecho, permitió corroborar la fama de santidad de Juan Pablo II, por lo que al final resultó ser un precioso tributo a la verdad. Una verdad que, gracias a las voces de los que contribuyeron a restituirla íntegramente, brilla hoy incontestable y fúlgida.

S. O.

Para cualquier información complementaria y para la organización de encuentros sobre el tema es posible contactar a los autores en las siguientes direcciones de correo electrónico: papa-gp2@virgilio.it y papa-gp2@libero.it

Cronología sintética de la vida de Karol Wojtyła-Juan Pablo II

El 18 de mayo de 1920 Karol Józef Wojtyła nace en Wadowice (Cracovia), en Polonia, hijo de Karol, un oficial del ejército de cuarenta años, y de Emilia Kaczorowska, un ama de casa de treinta y seis. Tiene un hermano, Edmund, catorce años mayor que él, mientras que su hermana Olga murió hace seis años a temprana edad. Lo bautizan el 20 de junio. El 15 de septiembre de 1926 empieza a frecuentar la escuela primaria. El 13 de abril de 1929 muere su madre a causa de una enfermedad cardiaca, y el 5 de diciembre de 1932 fallece también su hermano médico, víctima de una virulenta epidemia de escarlatina.

El 3 de mayo de 1938 recibe la confirmación y, ese mismo mes, supera el examen final de bachiller. El 22 de junio de ese año se matricula en la Facultad de Filosofía de la Universidad Jagellonica, y posteriormente se traslada con su padre a Cracovia. En esta ciudad conoce, en febrero de 1940, a Jan Tyranowski, quien lo anima a formar parte del grupo del Rosario Viviente y lo introduce en el estudio de los místicos. El 1 de noviembre siguiente empieza a trabajar en la cantera de piedra de

Zakrzówek, para evitar que lo deporten a Alemania (que ocupó Polonia hace un año).

El 18 de febrero de 1941 muere su padre y, en agosto, Karol acoge en su casa a la familia de Mieczysław Kotlarczyck, el fundador del Teatro de la Palabra Viva. Durante la primavera de 1942 lo trasladan a la fábrica Solvay y en octubre empieza a frecuentar como seminarista los cursos clandestinos de la Facultad de Teología de la Universidad Jagellonica. En marzo de 1943 aparece por última vez en los escenarios teatrales como protagonista de la obra *Samuel Zborowski* de Juliusz Słowacki. El 29 de febrero de 1944 lo atropella un camión y es hospitalizado. En agosto el arzobispo Sapieha lo traslada, junto a otros seminaristas clandestinos, al Palacio arzobispal de Cracovia.

El 1 de noviembre de 1946 es ordenado sacerdote en la capilla privada del cardenal Sapieha. El 15 de noviembre viaja a Roma para proseguir sus estudios teológicos en el Angelicum. El 3 de julio de 1947 aprueba el examen de licenciatura en Teología y, durante el verano, realiza un viaje por Francia, Bélgica y Holanda. El 19 de junio de 1948 defiende la tesis de licenciatura *La doctrina de la fe según san Juan de la Cruz* y, un par de semanas más tarde, regresa a Cracovia. El 8 de julio es destinado como vicepárroco a la parroquia de Niegowić. El 16 de diciembre la Universidad Jagellonica le concede el título académico de doctor en Teología.

En agosto de 1949 es nombrado vicepárroco de la parroquia de San Floriano de Cracovia. El 1 de septiembre de 1951 el arzobispo de Cracovia, Eugeniusz Baziak, le concede una excedencia de dos años para que pueda preparar el examen de habilitación para la docencia universitaria. En octubre de 1953 empieza a enseñar ética social católica en la Facultad de Teología de la Universidad Jagellonica, y en diciembre obtiene la habilitación para la docencia. En 1954 empieza a trabajar como profesor en el seminario de Cracovia y en la Universidad Católica de Lublino. El 15 de noviembre de 1957 la Comisión central de cualificación lo nombra docente libre.

El 4 de julio de 1958 es nombrado obispo auxiliar de Cracovia, y el 28 de septiembre recibe la consagración episcopal. En 1960 publica el ensayo *Amor y responsabilidad*. Tras la muerte del arzobispo Baziak es elegido vicario capitular el 16 de julio de 1962. El 5 de octubre de ese mismo año viaja a Roma donde, del 11 de octubre al 8 de diciembre, participa en la primera sesión del Concilio Vaticano II. Del 6 de octubre al 4 de diciembre de 1963 participa en Roma en la segunda sesión del Vaticano II, y del 5 al 15 de diciembre, peregrina a Tierra Santa. El 30 de diciembre de 1963 es nombrado arzobispo de Cracovia.

El 13 de enero de 1964 se publica la bula oficial con su nombramiento como arzobispo de Cracovia, y el 8 de marzo se celebra la solemne toma de posesión en la catedral de Wawel. Del 14 de septiembre al 21 de noviembre de 1964 participa en Roma en la tercera sesión del Vaticano II e inmediatamente después peregrina de nuevo a Tierra Santa. Del 14 de septiembre al 8 de diciembre de 1965 participa en Roma en la cuarta y última sesión del Vaticano II. Del 13 al 20 de abril de 1967 toma parte en Roma en la primera reunión del Consejo para laicos.

El 28 de junio de 1967 Pablo VI le otorga el título de cardenal. En 1969 publica el ensayo *Persona y acto* y, del 11 al 26 de octubre de ese mismo año, asiste en Roma a la primera asamblea general extraordinaria del Sínodo de obispos. En 1972 publica el estudio sobre la actuación del Concilio Vaticano II *En las fuentes de la renovación* y, el 8 de mayo de ese año, inaugura el Sínodo de la archidiócesis de Cracovia. Del 2 al 9 de marzo de 1973 participa en el Congreso eucarístico en Australia y visita también Filipinas y Nueva Guinea. Ese mismo año, en mayo, viaja a Bélgica y en noviembre a Francia.

Del 27 de septiembre al 26 de octubre de 1974 participa en Roma en la tercera asamblea general ordinaria del Sínodo de los obispos en calidad de relator de la parte doctrinal. Del 3 al 8 de marzo de 1975 asiste en Roma a la primera reunión del Consejo de la secretaría general del Sínodo de los obispos y en septiembre viaja a la República Democrática Alemana. Del 7 al 13 de marzo de 1976 predica en el Vaticano los ejercicios espirituales en presencia de Pablo VI; las meditaciones se publican en el volumen *Señal de contradicción*. Del 23 de julio al 5 de septiembre de 1976 viaja a los Estados Unidos y a Canadá, países en los que pronuncia varias conferencias.

En 1978, del 11 de agosto al 3 de septiembre, asiste en Roma al funeral de Pablo VI, al Cónclave y a la posterior ceremonia de elección del nuevo papa Juan Pablo I. El 3 de octubre viaja de nuevo a Roma con ocasión del funeral de Juan Pablo I. El 14 de octubre entra en el Cónclave y el 16 de octubre, hacia las 17.15, es elegido Pontífice con el nombre de Juan Pablo II. El 22 de octubre celebra el solemne inicio de su ministerio de supremo Pastor de la Iglesia católica. El 5 de noviembre peregrina a la basílica de Asís y a la basílica romana de Santa Maria sopra Minerva, para venerar a los patrones de Italia, san Francisco y santa Caterina. El 12 de noviembre toma posesión, como obispo de Roma, de la cátedra de San Giovanni in Laterano.

En 1979, el 4 de marzo, se publica su primera encíclica *Redemptor hominis*. En junio vuelve en visita pastoral a Polonia, en octubre habla ante las Naciones Unidas en Nueva York y en noviembre se reúne con el patriarca ortodoxo Dimitrios I en Turquía. En 1980, el Viernes Santo, 4 de abril, confiesa por primera vez a varios fieles en la basílica vaticana, y el 30 de noviembre, se publica la encíclica *Dives in misericordia*. En 1981, el 11 de enero, inicia la costumbre de celebrar en el Vaticano el bautismo de varios niños coincidiendo con la Epifanía. A las 17.19 del 13 de mayo sufre un atentado en la plaza de San Pedro a manos de Ali Agca. Operado de urgencia en el policlínico Gemelli, regresa al Vaticano el 3 de junio después de pasar veintidós días en el hospital, pero posteriormente deberá regresar a él, del 20 de junio al 14 de agosto.

En 1982, en mayo, peregrina a Fátima para agradecer a la Virgen su protección maternal y para recitar, a un año del atentado, el Acto de consagración y de entrega del mundo al Corazón inmaculado de María; el 10 de octubre preside la ceremonia de canonización del padre Massimiliano Kolbe. En 1983, el 25 de enero, promulga el nuevo *Código de Derecho Canónico*, y el 25 de marzo abre el Año Santo de la Redención; el 27 de diciembre visita a Ali Agca en la cárcel romana de Rebibbia. En 22 de abril de 1984, da por concluido el Año Santo de la Redención.

En 1985, los días 30 y 31 de marzo, recibe en Roma a los participantes en la reunión internacional de los jóvenes. El 13 de abril de 1986 visita la sinagoga de Roma y el 18 de mayo se publica la encíclica *Dominum et vivificantem;* el 27 de octubre preside en Asís el Día Mundial de la Oración por la Paz. En 1987, el 25 de marzo se publica la encíclica *Redemptoris Mater,* y en la vigilia de Pentecostés del 6 de junio abre el Año Mariano. El 30 de diciembre se publica la encíclica *Sollicitudo rei socialis.*

En 1988, el 21 de mayo, inaugura en el Vaticano la

casa de acogida Don de María, a cargo de la congregación de la madre Teresa de Calcuta, y el 28 de junio firma la Constitución apostólica *Pastor Bonus,* para la reforma de la Curia romana; el 15 de agosto clausura el Año Mariano. En 1989, el 7 de septiembre se celebra la Jornada de Oración por la Paz en el Líbano, y el 30 de septiembre recibe la visita del Primado de la Comunión anglicana, Robert Runcie. En 1990, el 26 de agosto, hace un llamamiento a favor de la paz en el golfo Pérsico, tras la invasión de Kuwait por parte de Irak; el 7 de diciembre se publica la encíclica *Redemptoris missio.*

En 1991, el 15 de enero, envía una carta al presidente de los Estados Unidos, George Bush, y de Irak, Saddam Hussein, intentando evitar la guerra del Golfo; el 1 de mayo se publica la encíclica *Centesimus annus.* En 1992, del 12 al 26 de julio permanece hospitalizado en el policlínico Gemelli de Roma, donde le extirpan un tumor intestinal benigno; el 9 de diciembre se da a conocer el *Catecismo de la Iglesia católica,* aprobado en junio. En 1993, el 9 y el 10 de enero, preside en Asís el encuentro de oración por la paz en Europa, especialmente en los Balcanes; el 6 de agosto se publica la encíclica *Veritatis splendor;* el 11 de noviembre resbala y se hace una luxación en el hombro derecho, por la que debe ser inmovilizado durante un mes con una venda.

En 1994, el 23 de enero, celebra en la basílica vaticana una misa por la paz en los Balcanes; el 28 de abril sufre una caída y se fractura el fémur derecho: lo operan en el policlínico Gemelli y la hospitalización se prolonga hasta el 27 de mayo; el 14 de noviembre se da a conocer la carta apostólica *Tertio millennio adveniente* y se anuncia el Jubileo del año 2000. En 1995 se publican las encíclicas *Evangelium vitae,* el 25 de marzo, y *Ut unum sint*, el 25 de mayo. En 1996, el 22 de febrero, reforma las reglas del Cónclave con la constitución apostólica *Universi dominici gregis;* del 6 al 15 de octubre ingresa de nuevo en el policlínico Gemelli para una intervención de apendicectomía.

En 1997, el 16 de junio, envía una carta al primer ministro israelí, Benjamin Netanyahu y al presidente de la autoridad palestina, Yasser Arafat, a favor de la paz en Oriente Próximo. En 1998, el 14 de septiembre se publica la encíclica *Fides et ratio,* y el 29 de noviembre se da a conocer la bula *Incarnationis mysterium,* con la que inicia el Jubileo del 2000. En 1999, con la carta apostólica *Spes aedificandi* del 1 de octubre, proclama patronas de Europa a las santas Brígida de Suecia, Caterina da Siena y Teresa Benedetta della Croce; la noche del 24 de diciembre abre el gran Jubileo del 2000.

En 2000 peregrina al Monte Sinaí, en Egipto, del 24 al 26 de febrero, y a Tierra Santa (Jordania, territorios palestinos autónomos, Israel), del 20 al 26 de marzo; el 7 de mayo preside la conmemoración ecuménica de los «testigos de la fe del siglo XX»; el 12 y el 13 de mayo peregrina a Fátima, donde se anuncia la revelación del «tercer secreto». En 2001, el 6 de enero clausura el Jubileo de 2000 y firma la carta apostólica posjubilar *Novo millennio ineunte.* En 2002, el 24 de enero, preside en Asís la Jornada de oración por la paz en el mundo; el 16 de octubre proclama el Año del rosario con la carta apostólica *Rosarium Virginis Mariae,* y añade los cinco misterios «de la luz» a la tradicional oración mariana.

En 2003, el 5 de marzo, preside una jornada de oración y ayuno por la paz; el 23 de abril cumple 8959 días de pontificado, hecho que lo convierte en el tercer Papa más longevo de la historia (después de Pío IX y de

León XIII, sin contar el caso de san Pedro); el 17 de abril se publica la encíclica *Ecclesia de eucharistia*; el 16 de octubre preside la solemne concelebración del 25.° aniversario de su elección al pontificado. En 2004, el 28 de febrero, y tras haber visitado personalmente trescientas una parroquias romanas desde el principio de su pontificado, recibe en el Vaticano a una representación de las restantes; el 10 de junio anuncia la celebración de un año especial dedicado a la eucaristía; el 14 y el 15 de agosto peregrina a Lourdes y el 5 de septiembre a Loreto: son sus últimos dos viajes.

El 30 de enero de 2005 recita por última vez el Ángelus dominical. La noche del 1 de febrero ingresa en el policlínico Gemelli debido a una crisis respiratoria y el 10 de febrero regresa al Vaticano. El 24 de febrero vuelve a ingresar en el Gemelli y permanece en él hasta el 13 de marzo a causa de una recaída del síndrome gripal que ha sufrido durante las semanas anteriores. El 30 de marzo, a la hora de la audiencia general, se asoma a la ventana del Palacio apostólico para bendecir a los miles de peregrinos presentes en la plaza de San Pedro: es su última aparición pública. El 31 de marzo por la tarde se manifiesta una infección de las vías urinarias que le provoca un choque séptico con un colapso cardiocirculatorio. Muere a las 21.37 horas del 2 de abril, el primer sábado del mes y las primeras vísperas de la fiesta de la Divina Misericordia. Vivió ochenta y cuatro años, diez meses y quince días, y fue Papa durante veintiséis años, cinco meses y diecisiete días.

OTROS TÍTULOS

EL FIN DE UNA ERA

Aline, Condesa de Romanones

El fin de una era es una obra autobiográfica que ofrece la oportunidad de conocer un poco más de cerca la vida de la Condesa de Romanones y su época, desde su llegada a España hasta la muerte de su marido en el año 1987. Así, leemos cómo vivieron grandes personalidades del mundo de la política (desde Franco hasta Nixon, Reagan, los Duques de Windsor, o el rey Hassan), el cine (Tyrone Power, Ava Gardner, Audrey Hepburn, Lauren Bacall...), el toreo (Luis Miguel Dominguín, Antonio Ordóñez...) el flamenco (Lola Flores) y la vida social y cultural del país en general.

AL HIJO QUE NO TENGO

Pedro Ruiz

«No hay peor factura que la que te quita el sueño.»

«Lo más importante de meter la pata es aprender a sacarla.»

«Cuando te veas tentado a acumular riquezas, recuerda que en el ataúd no cabe nada.»

«Querer es poder: sin voluntad, ni la memoria ni la inteligencia sirven para nada.»

¿Qué importa de verdad en la vida? ¿Cómo contárselo a un hijo? En este libro Pedro Ruiz hace un recorrido por todos los temas importantes (del dinero a la muerte, del sexo a la política, de la soledad y el miedo a la televisión o el fútbol) sin andarse por las ramas ni caer en sensiblerías, sermones ni dogmatismos. Con una sinceridad y un valor que desarman. Directo al corazón.